Desinformação e democracia

A guerra contra as fake news na internet

edição brasileira© Hedra 2021

edição Jorge Sallum
coedição Suzana Salama
assistência editorial Paulo Henrique Pompermaier
revisão Renier Silva
capa Ronaldo Alves

ISBN 978-65-89705-34-5
conselho editorial Adriano Scatolin,
Antonio Valverde,
Caio Gagliardi,
Jorge Sallum,
Ricardo Valle,
Tales Ab'Saber,
Tâmis Parron

Grafia atualizada segundo o Acordo Ortográfico da Língua
Portuguesa de 1990, em vigor no Brasil desde 2009.

Direitos reservados em língua
portuguesa somente para o Brasil

EDITORA HEDRA LTDA.
R. Fradique Coutinho, 1139 (subsolo)
05416–011 São Paulo SP Brasil
Telefone/Fax +55 11 3097 8304
editora@hedra.com.br

www.hedra.com.br

Foi feito o depósito legal.

Desinformação e democracia

A guerra contra as fake news na internet

Rosemary Segurado

1ª edição

hedra

São Paulo   2021

Desinformação e democracia propõe uma reflexão sobre a indústria de produção e disseminação de informações falsas. A partir das redes de desinformação criadas durante a pandemia do coronavírus, são discutidos temas como o anticientificismo, negacionismo e anti-intelectualismo, além do papel das tecnologias de informação e comunicação na produção e do espalhamento de informações que abalam a dinâmica democrática. Dinâmica, a análise também aponta para as iniciativas de enfrentamento à desinformação, que vão desde projetos de lei até organizações da sociedade civil que combatem a dispersão de mentiras.

Rosemary Segurado é doutora em Ciências Sociais pela PUC–SP e pós-doutora em Comunicação Política pela Universidade Rey Juan Carlos de Madrid. Atualmente é pesquisadora da PUC–SP e coordenadora do curso Mídia, Política e Sociedade, da Fundação Escola de Sociologia e Política de São Paulo. É também pesquisadora do Núcleo de Estudos em Arte, Mídia e Política (NEAMP) da PUC–SP) e editora da *Revista Aurora*.

Sumário

Introdução 9

Pandemia, desinformação e estratégia de morte 13

O uso das redes digitais e o impacto na ordem
democrática. 47

Fake news e a ordem do discurso desinformativo 85

A outra face da pandemia. 113

Referências bibliográficas 119

*Para Laura, que revoluciona minha vida e
me ensina novas formas de resistência.*

Introdução
A desinformação como estratégia de governo

> A mentira se converte em ordem universal.
>
> FRANZ KAFKA

Este livro foi concluído em plena pandemia da COVID-19, um dos momentos mais trágicos da história, que transformou o modo de viver da população pelo mundo. Também transformou a proposta inicial dessa publicação. Fomos atravessados por esse acontecimento, e foi impossível não colocá-lo em destaque.

O Brasil foi reconhecido internacionalmente como o país com a pior gestão da pandemia, e o presidente considerado um dos mandatários mais negacionistas e insensíveis frente ao imenso número de mortes registrados no país.

A Internet e as redes sociais digitais passaram a ser, para muitos, a janela para o mundo. Através dela eram realizadas atividades profissionais, encontros com amigos e familiares, compras e vendas *online*, aulas, consultas médicas e acesso à cultura. A vida estava circunscrita às telas de computadores e celulares, embora a maior parte dos brasileiros já não pudesse mais se manter em isolamento social, ao colocarem suas vidas em risco para garantir o sustento da família.

As plataformas digitais foram fundamentais para diminuir o impacto do distanciamento social. Mas foi também por meio delas que o compartilhamento de informações falsas, mentiras e boatos sobre a pandemia cresceu. O país ocupou o triste lugar daquele onde mais se compartilhou informações falsas ou duvidosas sobre o coronavírus.

O negacionismo se manifestou de diversas formas, e foi uma constante durante a pandemia. Alimentou as redes de desinformação e criou grande confusão entre os brasileiros sobre a conduta a ser adotada para se proteger de um vírus extremamente contagiante.

A pandemia se tornou então uma espécie de pano de fundo para os discursos de ódio, teorias conspiratórias, notícias falsas que proliferavam nas redes produzindo um ambiente de desconfiança, medos e incertezas.

O primeiro capítulo do livro tem como eixo a reflexão sobre a desinformação na pandemia. Foi inicialmente plane-jado para analisar o anticientificismo, negacionismo e anti-intelectualismo. Mas a opção foi, por fim, pela discussão dos conceitos a partir do contexto da indústria de produção e disseminação de informações falsas ou duvidosas, no cená-rio trágico de crescimento do número de contaminados e de mortos. Durante o processo, foi identificado que a pandemia se transformou em um palco para a disputa de narrativas em torno da COVID-19: além do debate com argumentos ci-entíficos, também um campo de disputa político, ideológico, sanitário, econômico e social.

No segundo capítulo, o uso da desinformação na dinâmica política, particularmente nos processos eleitorais, é discutido. E recupera o debate sobre a desinformação e as *fake news*: o papel das tecnologias de informação e comunicação na produção e disseminação de informações responsáveis pelo abalo à dinâmica democrática.

É também abordada a eleição de 2018. A apresentação das denúncias de ilegalidades ocorridas durante o processo eleitoral, as investigações em andamento, além divulgação contínua de informações falsificadas e fraudulentas durante o governo de Jair Bolsonaro, que configurou o processo de institucionalização da prática desinformativa por parte de lideranças políticas governamentais.

O terceiro capítulo fala sobre os principais conceitos e teorias acerca dos termos *fake news*, desinformação e pós-verdade — aspecto fundamental para qualificarmos o debate, tendo em vista por exemplo que *fake news*, além de ser um termo impreciso, é incapaz de explicar a complexidade do fenômeno.

Falaremos também sobre iniciativas para enfrentamento à desinformação, que vão desde projetos de lei até campanhas de boicote do financiamento a sites que produzem e compartilham *fake news*. Além de iniciativas da sociedade civil, que atuam no combate ao crescimento da produção e disseminação de mentiras.

Considerada a gravidade do fenômeno da desinformação, e sua consequente demanda por um amplo debate social, as formas de enfrentamento verificadas em projetos, legislações, plataformas, aplicativos e cartilhas são de grande importância. Da observação dos esforços empreendidos pelos mais diversos setores da sociedade civil, veremos como, apesar do momento inegavelmente conturbado que vivemos, é também necessário o reconhecimento da movimentação democrática para enfrentar o processo.

Pandemia, desinformação e estratégia de morte

Maria Júlia era auxiliar de enfermagem de uma *instituição de longa permanência* (ILP) para acolhida de idosos e por esse motivo estava no grupo prioritário para a imunização contra o novo coronavírus. Essa decisão das autoridades de saúde partia do princípio da vulnerabilidade desses profissionais, constantemente expostos ao vírus e mais suscetíveis ao contágio.

A cuidadora recusou-se a tomar a vacina e ainda assim continuava trabalhando, até que vieram os primeiros sintomas da doença: febre, dor de garganta e pelo corpo. Não se preocupou, achou que era uma gripe como qualquer outra. Lembrava-se das palavras do presidente Jair Bolsonaro que desde o início da pandemia afirmava que era uma gripezinha.

Passaram-se alguns dias e a auxiliar de enfermagem começou a sentir falta de ar e decidiu fazer o teste para saber se havia sido contaminada. O resultado foi positivo. Continuou tranquila e, mais uma vez, resolveu seguir as orientações do que chamava o "kit do nosso presidente". Começou a usar o medicamento precoce, à base de cloroquina e ivermectina, e continuou em casa esperando pela melhora. Vale ressaltar que o uso desses medicamentos era contestado por autoridades sanitárias internacionais através de vários estudos que demonstravam sua ineficácia para o tratamento do novo coronavírus.

Como a dificuldade para respirar aumentava, ela resolveu procurar um pronto-socorro da rede pública. Os exames detectaram grave comprometimento dos pulmões, motivo que a levou a ser internada. A gravidade da situação de Maria Júlia inspirava os cuidados da UTI, mas naquele momento o hospital não tinha leitos disponíveis. Foi obrigada a permanecer por um período em uma maca aguardando a liberação de uma vaga. Seu estado de saúde piorou, a ponto de precisar ser entubada. Ficou inconsciente por alguns dias, até melhorar o suficiente para continuar o tratamento em leito normal e, finalmente, ter alta e retornar para casa.

Após uma crise de choro, declarou se sentir arrependida por negligenciar a doença, entendendo que era, de fato, muito perigosa. Também se sentia culpada por achar que poderia ter contaminado até mesmo seus pais e outros idosos, o que de fato ocorreu. Enquanto estava na UTI, seus pais foram internados, intubados, mas não resistiram à doença e faleceram.

Histórias como essa foram contadas por profissionais da linha de frente do enfrentamento à pandemia de COVID-19 e, desde 2020, passaram a fazer parte cotidiana da cobertura midiática. Por outro lado, também aumentaram muito os boatos, rumores e a desinformação sobre a doença, disseminados pelas redes digitais. Estava em curso a disputa de narrativas em torno da pandemia. Ao mesmo tempo que se verificava o grande esforço das autoridades sanitárias internacionais para adotar as medidas adequadas para garantir a saúde da população, autoridades públicas, valendo-se das estratégias negacionistas e de teorias da conspiração, contribuíam para gerar um ambiente de desconfiança na população. E como era de se esperar, essa dinâmica repercutia no comportamento individual e coletivo.

Era possível acompanhar os esclarecimentos de médicos sanitaristas, infectologistas, virologistas, biólogos que passaram a ocupar as telas das emissoras de TV, lives da Internet, microfones das emissoras de rádio, páginas de jornais para explicar no que consistia a pandemia da COVID-19, seus riscos de contágio, possibilidades de tratamento, efeitos colaterais nos pacientes que sobreviveram à doença. Enfim, desenvolvendo um serviço de utilidade pública da maior importância para esclarecer a população. Esses técnicos também tentavam desmentir boatos, notícias falsas e informações descontextualizadas, no esforço de fazer com que a população orientasse suas condutas baseadas em critérios estabelecidos a partir de evidências, elementos empíricos em debate na comunidade científica em âmbito internacional, que desenvolviam estudos para compreender o comportamento do novo coronavírus.

O alto volume de informações que circulavam sobre a pandemia fez com que alguns pesquisadores passassem a chamar o fenômeno de *infodemia*, ou seja, um excesso de explicações que circulavam nas mais diversas mídias. Não se trata apenas de notícias falsas ou desinformação, mas o volume dificultava a seleção das orientações oferecidas por autoridades sanitárias com base em evidências daquelas que não tinham nenhum embasamento científico. Era um cenário propício para a disseminação de notícias falsas e desinformação, agravando o desafio de enfrentar os impactos causados pela doença.

Essa preocupação também mobilizava as autoridades sanitárias, como a gerente de mídias sociais da Organização

Mundial de Saúde (OMS), Aleksandra Kuzmanovic, que acompanhava Facebook, Twitter, Pinterest e Google para garantir que usuários dessas redes tivessem acesso às informações oficiais.

Conforme declarado pela OMS, o surto de COVID-19 e a resposta a ele têm sido acompanhados por uma enorme infodemia: um excesso de informações, algumas precisas e outras não, que tornam difícil encontrar fontes idôneas e orientações confiáveis quando se precisa [...] Nessa situação, surgem rumores e desinformação, além da manipulação de informações com intenção duvidosa. Na era da informação, esse fenômeno é amplificado pelas redes sociais e se alastra mais rapidamente, como um vírus.[1]

A infodemia no Brasil se materializava na enxurrada de desinformação, tendo como importante polo emissor o governo federal, que passava a maior parte do tempo se dedicando à produção e disseminação de mentiras e informações destorcidas sobre a pandemia. Tempo que se tivesse sido dedicado ao esclarecimento dos riscos trazidos pelo vírus e na busca de soluções adequadas para enfrentá-lo, certamente, teríamos um cenário com menos mortes.

NEGACIONISMO CIENTÍFICO E A REALIDADE PARALELA

Segundo ranking desenvolvido pela Universidade de Hop-Kins, dos Estados Unidos, o Brasil detinha o recorde mundial no compartilhamento de peças de desinformação sobre o número de mortos e infectados pela COVID-19. Esse levanta-

---

1. Organização Pan-Americana da Saúde. *Entenda a infodemina e a desinformação na luta contra o COVID-19*. Relatório do Departamento de Evidência para ação em saúde, 2020.

mento foi realizado com base nas plataformas de checagem de informações para contestar o discurso de negação sobre a doença.

O negacionismo científico gera diversionismo, cria ambiente de perda de credibilidade nos procedimentos científicos, proporcionando uma espécie de suspensão dos parâmetros de realidade. E, frequentemente, gerando uma ambientação característica de realidade paralela, uma espécie de aversão ao conhecimento e apologia à ignorância, desconsidera fatos — ou, como dizia o ex-presidente Trump, apresentar fatos alternativos.

As diversas teorias da conspiração que alimentam os processos de desinformação estão cada vez mais vinculadas aos grupos ultraconservadores e extremistas de direita, motivados pela cruzada anticiência e na deslegitimação do papel da pesquisa científica. No caso das campanhas antivacina é possível verificar o estímulo à desconfiança na comunidade médica, por meio de mensagens e campanhas difamatórias.

Evidentemente, a ciência tem falhas, apresenta controvérsias e pode cometer erros em estudos e condutas adotadas. Portanto, pode e deve ser problematizada em seus métodos e práticas, até mesmo porque é esse processo que amplia o conhecimento científico. A cloroquina é um exemplo desse processo de investigação científica. Em uma primeira fase de testes, chegou a ser cogitada por alguns profissionais da área da saúde como medicamento indicado para o cuidado de pessoas infectadas pela COVID-19. Com a continuidade das pesquisas e após debates, estudos, evidências empíricas, verificou-se que não somente ela não era eficaz para esse tipo de tratamento como também pode ser perigosa, trazendo efeitos colaterais, por exemplo, em pacientes com problemas cardíacos.

Podemos entender o negacionismo científico como a forma de se recusar evidências da realidade empírica. Trata-se da rejeição de conceitos básicos, construídos por meio dos debates estabelecidos pela comunidade científica em detrimento de ideias controversas, radicais e de teorias da conspiração.

Na mesma perspectiva, o anti-intelectualismo expressa um sentimento oponente em relação a pesquisadores e cientistas. Uma ação comum é o ataque à ciência, à educação e à arte, com argumentos extremistas que exploram um sentimento de hostilidade em relação ao conhecimento científico, criando um falso ambiente de rivalidade.

As motivações vão desde crítica a intelectuais, aos métodos da pesquisa científica até acusações mais injustificadas sobre a existência de linhas de financiamento à investigação, principalmente no âmbito acadêmico. Uma situação que ilustra perfeitamente o negacionismo científico por parte do governo federal e parlamentares do Congresso Nacional que fazem parte da base de apoio do presidente foi o debate sobre a destinação de recursos orçamentários para a realização do Censo Demográfico. Realizado de dez em dez anos, trata-se de um levantamento fundamental para o conhecimento da realidade socioeconômica de um país e serve de base para a elaboração de políticas públicas, entre diversas outras ações.

O orçamento de 2021 não destinou verba para a realização desse levantamento e o Brasil corre o risco de viver uma espécie de apagão estatístico. Ao mesmo tempo que o corte era realizado, Bolsonaro praticava o bom e velho "toma lá, dá cá", liberando bilhões em verbas para que parlamentares utilizassem em suas regiões, mantendo os eleitores em troca de obras cuja finalidade poderia ser questionada em muitos casos.

É importante ressaltar que além do conhecimento científico e seus parâmetros e regras próprias, também consideramos legítimos outros saberes como aqueles praticados por povos tradicionais, tais como indígenas e quilombolas. Os saberes desses povos são muito importantes para seus modos de vida e é fundamental pensarmos que o conhecimento científico não deve se sobrepor ao conhecimento popular. Devem, portanto, ser saberes aliados com o objetivo de garantir a melhoria das condições de vida das populações.

A PRODUÇÃO POLÍTICA E CULTURAL DA IGNORÂNCIA

Robert Proctor, professor de História da Ciência da Universidade de Stanford, nos EUA, afirma que há uma forma de produção política e cultural da ignorância, a agnotologia, conforme definiu. Alguns grupos econômicos e políticos se beneficiam da ignorância social e as populações se tornam facilmente moduláveis por informações duvidosas. Significa dizer que o culto à ignorância não está necessariamente relacionado à falta de escolaridade, mas principalmente a interesses sociais, econômicos e políticos que pretendem manter parcela da população cada vez mais conectada a realidades paralelas.

As práticas anticientificistas não são exatamente novidades, ainda menos no campo da saúde, onde é frequente o fenômeno do compartilhamento de informações ou "dicas" milagrosas sobre cuidados para se evitar ou cuidar de determinadas doenças. Tudo isso, presente há algum tempo no debate social, ficou ainda mais acentuado com o surgimento da COVID-19.

De certa forma, a humanidade foi surpreendida pela pandemia. Um acontecimento distópico, típico dos filmes hollywoodianos de catástrofe, que tantas vezes representaram nas telas pandemias que praticamente extinguiriam a humanidade. Há tempos alguns cientistas anunciavam a possibilidade de vivenciarmos um impacto nos modos de adoecimento, nas mutações de vírus da gripe e nas mudanças climáticas, alertando-nos sobre a possibilidade de vivenciarmos um processo de contágio em escala planetária que viria a incidir em nossos modos de vida, nas formas de produzir e de consumir.

A pandemia acionou um cenário quase épico, cuja memória da população global se limitava às narrativas encontradas em livros de história, na literatura, no cinema, nas artes plásticas e em algumas poucas pessoas centenárias.

Uma pandemia ocorre quando uma epidemia foge ao controle local e passa a afetar grandes contingentes populacionais, podendo atingir o planeta como um todo, como no caso da COVID-19. Historicamente, as gripes já se tornaram pandêmicas. No início do século XX, a gripe espanhola contaminou 50% da população mundial e matou aproximadamente 5% em um período de aproximadamente dois anos. Tudo indicava que o vírus veio da Europa em navios e desembarcou no país com pessoas já contaminadas.

As pandemias têm origem com bactérias e vírus. Especificamente no caso dos vírus, eles podem circular facilmente entre espécies diferentes, possuem maior capacidade de adaptação e por isso podem se tornar pandêmicos. Por exemplo, o vírus que causou a gripe aviária teve origem nas aves, a gripe suína veio dos porcos e, provavelmente, o ebola teve origem no morcego. Além disso, há os mosquitos transmissores. No caso do Brasil, a dengue, zika e chicungunha, são transmitidos pelo *Aedes aegypti*, o mosquito-da-dengue.

O surgimento de uma pandemia já era previsto pela comunidade científica devido a uma série de mutações de alguns vírus e pelas mudanças ambientais e climáticas. Em maio de 2019, a plataforma Netlix lançou uma série chamada "Pandemia" e é surpreendente como um conjunto de cientistas já alertava a proximidade de um novo tipo de gripe que poderia contaminar a humanidade. Na série também apareceu o desafio imposto pelas teorias da conspiração através das notícias falsas como no surto de ebola nos países africanos. Vários boatos disseminados afirmavam que a vacina era parte de um plano dos Estados Unidos para matar a população, fazendo com que muitos deixassem de se imunizar e contraíssem a doença.

Os vírus, no geral, possuem um comportamento complexo e necessitam de diversos condicionantes para se instalarem e proliferarem. Não é objetivo abordar em profundidade essa temática, mas destacar alguns aspectos que fazem com que a pandemia sinalize elementos fundamentais para pensarmos sobre os modos de vida da contemporaneidade, tais como a forma como vivemos, produzimos, consumimos, nos deslocamos e descartamos resíduos sólidos, parte de uma conduta que vem alterando de forma destruidora os recursos naturais.

O médico Stefan Cunha Ujvari, em sua obra *História da humanidade contada pelos vírus*, demonstra a centralidade do papel dos microrganismos na História, apresentando a inter-relação entre a genética e as ciências humanas e sociais. Trata-se de uma reflexão fundamental para se compreender essa convivência, seus impactos e riscos, tendo em vista que esse encontro provoca o que o autor denomina por "estilhaços microscópicos deixados no organismo invadido", transformando a dinâmica dos corpos e, inevitavelmente, as próprias sociedades.

Entre as medidas adotadas por governantes em diversos países estão o mapeamento e a modelagem da propagação do vírus a partir do monitoramento dos comportamentos por meio dos dispositivos tecnológicos. Isso propiciou que em alguns lugares fosse possível a realização do confinamento de pessoas que apenas haviam estado nos mesmos lugares que pessoas contaminadas, como por exemplo o transporte público. Aqui fica a tensão, o paradoxo entre a adoção de medidas sanitárias para conter a escalada do vírus e a manutenção da privacidade afetada pelas tecnologias de controle individual e coletivo e, normalmente, a preocupação com o bem-estar coletivo impõe decisões que futuramente podem ser utilizadas para outros fins.

Alguns países atuaram mais rápido e de forma mais eficaz justamente porque conseguiram conter o número de contaminados e de mortes. Outros, como o Brasil, não vivenciaram a mesma situação. Infelizmente, o país é considerado com um dos piores no gerenciamento da pandemia. Isso ocorre não somente pelo conjunto de deficiências no sistema de saúde, embora os princípios norteadores de seu funcionamento sejam bastante avançados, mas principalmente pela desastrosa gestão do governo federal.

DESINFORMAÇÃO CIRCULA COMO NUMA CÂMARA DE ECO

O governo de Jair Bolsonaro investiu sistematicamente na desinformação, distorcendo a realidade, gerando confusão na população em relação às medidas para a prevenção do contágio e, principalmente, na recomendação do tratamento precoce. Mesmo com as diretrizes da Organização Mundial da Saúde (OMS), que não recomendava a adoção desses medicamentos para o tratamento da COVID-19, Bolsonaro continuava estimulando a população a fazer uso do tratamento precoce, além de desobedecer a outras medidas de prevenção, como por exemplo o não uso de máscaras, provocar aglomeração e incentivar a desobediência às medidas de isolamento social determinadas por prefeitos e governadores.

Em lives, programas realizados semanalmente por um canal do YouTube, Bolsonaro mais parecia um propagandista da cloroquina. Nunca desistiu de defender o tratamento precoce, que consistia no uso de cloroquina e ivermectina (as mais populares), nitazoxanida, zinco, remdesivir, azitromicina. Chegou até mesmo a comprar insumos para a fabricação do medicamento pelo laboratório do exército. Bolsonaro sempre afirmava que havia consultado médicos de diversas especialidades que também recomendavam essa prescrição. Nesse caso específico, é importante destacar que o negacionismo também opera com profissionais de dentro do campo científico, atuando para dar legitimidade à narrativa presidencial.

A OMS contestava esse tipo de desinformação e se posicionava contrariamente à adoção do medicamento para o combate ao vírus. Além de reafirmar não haver estudos científicos que comprovassem sua eficácia, também alertava para os possíveis efeitos colaterais, principalmente em pessoas que já apresentem algum diagnóstico de doenças cardíacas.[2]

Como prática da estratégia bolsonarista de disseminar a desinformação quando alguma polêmica era difundida pelo presidente, imediatamente sua rede de apoiadores era acionada para ampliar o impacto de sua narrativa. E, em boa parte dessas situações, o instrumento utilizado por esses grupos são as notícias falsas, distorcidas e sem base em fatos. Além da mensagem circular nas redes sociais, a mesma informação foi compartilhada pela Secretaria Especial de Comunicação Social (SECOM) da Presidência da República, afirmando que a cloroquina era o tratamento com maior eficácia para o combate da COVID-19. Trata-se do uso da estrutura de comunicação presidencial para propagar a desinformação, ao mesmo tempo que nenhum órgão governamental realizava campanhas de orientação e esclarecimentos sobre a pandemia e suas formas de contágio.

A tática de compartilhamento da desinformação nas redes bolsonaristas pode ser associada à noção de câmaras de eco. Ao compartilhar dentro de um grupo de apoiadores do presidente informações positivas, por exemplo, sobre o uso da cloroquina, elas são amplificadas dentro de um grupo, o que ocorre com frequência no ambiente digital, fazendo com que os usuários tenham acesso majoritariamente àquilo que circula dentro da sua própria bolha.

---

2. Felipe Grandin. É #FAKE que pesquisa recente indique a hidroxicloroquina como o tratamento mais eficaz contra o coronavírus. *G1*, 21 de maio de 2020.

PANDEMIA É MAIS LETAL NOS BOLSÕES BOLSONARISTAS

Um estudo realizado por economistas da Fundação Getúlio Vargas (FGV) em parceria com a Universidade de Cambridge, no Reino Unido, e divulgado pela agência de checagem Aos Fatos, mostra que as declarações públicas do presidente Bolsonaro levaram à queda de isolamento social entre seus apoiadores. O estudo foi realizado com base na divisão de municípios brasileiros pró e anti-Bolsonaro, a partir dos resultados das eleições de 2018. Em seguida foram utilizados dados de localização de celulares para comparar o nível de adesão às medidas restritivas de circulação da população em espaços públicos.

As cidades com maior presença de eleitores bolsonaristas apresentaram as menores taxas de isolamento. Na opinião dos pesquisadores, os dados são capazes de mostrar que o discurso de lideranças políticas produz grande impacto na forma como as pessoas reagem à pandemia. O poder discursivo de um presidente exerce força frente à população, porém não é somente o que ele fala, mas sua conduta cotidiana, seus movimentos, seus gestos. São em momentos tão dramáticos quanto os de uma pandemia que podemos reconhecer as qualidades de uma líder na condução dos desafios de caráter social, político e sanitário.

Pesquisa semelhante realizada pela Universidade Federal do Rio de Janeiro (UFRJ) identificou o chamado *efeito Bolsonaro* na disseminação do vírus pelas cidades do Brasil. A pesquisa divulgada em outubro de 2020 realizou um cruzamento de dados com o número de casos de contaminação do vírus e o resultado do primeiro turno das eleições de 2018 nos 5.570 municípios brasileiros. Os pesquisadores destacaram que a cada 10 pontos percentuais de votos para Bolsonaro há um aumento de 11% de infectados e 12% no número de mortos.

O chamado efeito Bolsonaro pode ser interpretado como influência em seus apoiadores que ao seguirem a conduta de desrespeito às medidas de distanciamento social e ao uso de máscara, adotavam um comportamento de risco e por isso se tornavam mais vulneráveis ao contágio.

Com um discurso voltado para a recuperação econômica, em uma de suas declarações públicas, registrada no site UOL, Bolsonaro disse que a população deveria enfrentar "o vírus como homens e não como moleques".[3] A narrativa presidencial tinha como objetivo não permitir que as pessoas identificassem suas dificuldades econômicas com a ausência de uma política pública de assistência social. Desse modo, Bolsonaro se isentava da responsabilidade do setor público e despejava nos indivíduos a responsabilidade de produzir as condições para a vida de suas famílias.

PANDEMIA EXPÕE LIMITES DAS POLÍTICAS NEOLIBERAIS

Antes mesmo do início da pandemia, a situação econômica do país já era grave e piorava expressivamente. No segundo semestre de 2020 o país tinha aproximadamente 40% de trabalhadores na informalidade, ou seja, sem vínculo formal e sem benefícios como férias, 13º salário, fundo de garantia e aposentadoria, segundo dados do IBGE. Esse contingente teve que diariamente sair às ruas desempenhando as mais diversas atividades, colocando a vida em risco para garantir minimante o sustento de suas famílias.

3. Adriana Ferraz. *Uol*, 29 de março de 2020.

A individualização de responsabilidades econômicas é parte fundamental da estratégia discursiva capitalista e ainda mais na era neoliberal, na qual os indivíduos são influenciados a construir uma autoimagem de empreendedores de si mesmos, portanto responsáveis pela satisfação de suas necessidades.

A pandemia expôs claramente o limite das políticas neoliberais e governos de diversos países se encontraram na encruzilhada da história tendo que rapidamente adotar medidas de cunho no mínimo socialdemocrata, reativando em alguma medida aspectos da era do Estado de bem-estar social e atuando para suprir necessidades básicas para a garantia da manutenção e reprodução da vida. Ou seja, o Estado tinha que se fazer presente, mesmo naquelas localidades em que o discurso neoliberal é hegemônico desde os anos 1990.

O Brasil caminhava na contramão dessa realidade e o presidente não perdia oportunidade para atacar prefeitos e governadores que adotavam medidas restritivas de deslocamento social, disseminando desinformação e discurso negacionista em relação às orientações de instituições nacionais e internacionais vinculadas à saúde.

O crescimento das taxas de desemprego em países como o Brasil aumentava ainda mais a condição precária de parcela expressiva da população. A retração da economia imposta pela pandemia teve impacto maior na classe trabalhadora e nos informais. Isso refuta a ideia que circula no campo social de que o vírus é democrático, afeta a todos igualmente. O contágio é maior em regiões com moradias precárias, nas quais as medidas de prevenção não são facilmente adotadas. Regiões em que há falta de água e saneamento básico, onde famílias inteiras compartilham apenas um cômodo entre muitos moradores. Ou seja, a pandemia expunha ainda mais as desigualdades sociais do país: nessas regiões o contágio é maior que em outras partes dos centros urbanos.

O transporte público é o espaço com maior possibilidade de contaminação e, mais uma vez, a população pobre e periférica é mais vulnerável, considerando que, no geral, concentram-se nas regiões distantes dos centros urbanos, o que lhes obriga a passar horas no transporte público que apresenta lotação sempre acima da demanda. As aglomerações começam a ser formadas nas estações ou terminais e as cenas de concentração de pessoas à espera do transporte são frequentes. Não há alternativa para uma multidão que precisa se deslocar e acaba arriscando a vida cotidianamente.

O presidente Jair Bolsonaro insistia em minimizar a gravidade da situação e, frequentemente, afirmava que o desemprego era pior que o vírus, ou seja, demonstrava maior preocupação com a economia do que com a vida da população. Com essa argumentação reiterava sua campanha contra as medidas de isolamento social, defendendo a abertura total do comércio, das escolas, a volta ao trabalho e, supostamente, à normalidade. Simultaneamente, vídeos dos apoiadores do presidente viralizavam nas redes numa campanha de mobilização nacional pela reabertura de todos os serviços, cenas mostrando o presidente saindo às ruas, entrando em comércios e até mesmo comendo o típico espetinho vendido por trabalhadores informais. Além de querer se mostrar como um homem do povo, que se arriscava, que não era covarde, gerava uma falsa imagem da pandemia, diferente do cenário dos hospitais superlotados mostrado pelos meios de comunicação.

Após meses de discussões foi aprovado o auxílio emergencial. Inicialmente, o ministro da Economia propunha o valor de 200 reais, afirmando ser suficiente para garantir os custos da cesta básica, demonstrando o desconhecimento absoluto da realidade do país. A proposta foi fortemente criticada pelos setores da oposição ao governo e após mobilização pelas redes digitais foi possível reverter os valores iniciais e se chegou à concessão do valor de cinco parcelas de 600 reais e 1.200 reais para mães chefes de família.

No entanto, parte expressiva dos trabalhadores que se enquadram no perfil dos beneficiários demorou muito para receber o benefício ou não conseguiu acessá-lo, demonstrando incompetência para a implantação e alto grau de descaso por parte das autoridades governamentais. A população se via desorientada com a burocratização para o recebimento, a falta de informações claras e a sobrecarga do atendimento dos funcionários da Caixa Econômica Federal.

Um sistema ineficaz e gerador de aglomerações nas portas das agências bancárias, contrariando as diretrizes de isolamento social para evitar aglomerações.

DISTOPIA QUE REMETE À NECROPOLÍTICA

Esse era um cenário distópico que remetia à noção de *necropolítica*, descrita pelo historiador camaronense Achille Mbembe.[4] Inspirado na noção de biopolítica de Michel Foucault, o autor passou a pensar na necropolítica, o poder de definir quem pode viver e quem deve morrer.

---

4. *Necropolítica*. São Paulo: n-1 edições, 2018.

Com base em dispositivos e tecnologias de poder que fazem a gestão e o controle das populações, o simples "deixar morrer" passa a ser aceitável, deixando de causar estranhamento. A reflexão elaborada à luz do estado de exceção, do terror, demonstra como o Estado adota uma política de morte e que o uso legítimo da força, a relação amigo-inimigo, são a base que caracterizava o extermínio de parcela da população, invariavelmente os mais vulneráveis, a saber, pobres, periféricos e negros, os chamados corpos matáveis, que estão em risco a todo instante. Essa cena também era observada em hospitais, quando médicos tinham que decidir para qual paciente deveriam colocar o oxigênio, situações vividas em várias partes do país e, principalmente, em Manaus.

Em entrevista ao jornal *Folha de S. Paulo*, Mbembe[5] aborda a necropolítica no neoliberalismo e vemos claramente essa política de morte na atuação do governo brasileiro durante a pandemia com a lógica de priorizar a economia em detrimento da saúde da população. A campanha do presidente contra o isolamento social articula-se perfeitamente à análise do historiador:

Essa é a lógica do sacrifício que sempre esteve no coração do neoliberalismo, que deveríamos chamar de necroliberalismo. Esse sistema sempre operou com um aparato de cálculo. A ideia de que alguém vale mais do que os outros. Quem não tem valor pode ser descartado. A questão é o que fazer com aqueles que decidimos não ter valor. Essa pergunta, é claro, sempre afeta as mesmas raças, as mesmas classes sociais e os mesmos gêneros.[6]

---

5. Pandemia democratizou poder de matar, diz autor da teoria da *Necropolítica*. *Folha de S. Paulo*, 30 de março de 2020.
6. *Idem.*

Com dificuldades para satisfação das necessidades básicas e sem receber o auxílio emergencial, milhões de brasileiros arriscavam suas vidas descumprindo as regras do isolamento social decretado por prefeitos e governadores. Indo ao sacrifício, conforme Mbembe. Sacrifício que coloca em risco a própria vida, a da família e da comunidade em geral.

O vaivém do auxílio emergencial, que em 2020 durou meses, e a descontinuidade do benefício foi responsável pelo aumento da fome no país. Segundo dados da Fundação Getúlio Vargas, a pobreza triplicou entre agosto de 2020 e fevereiro de 2021, aumentando de 9,5 milhões para 27 milhões de pessoas. Mas essa realidade não despertava a sensibilidade do governo federal, que se mostrava mais preocupado com as planilhas do que com as pessoas em situação de miserabilidade.

A taxa de desocupação também cresceu entre 2020 e início de 2021. Chegou a 14,4% da população segundo o IBGE, a maior taxa desde que a Pesquisa Nacional por Amostra de Domicílios Contínua (PNAD) começou a ser realizada em 2012. Isso significava que a economia não dava sinais expressivos de recuperação e cada vez ficava mais claro que a situação somente começaria a mudar caso a imunização da população fosse realizada para que a volta a algum nível de normalidade pudesse ocorrer. Era a única forma para enfrentar o aumento da desigualdade, combinar investimentos na economia com a vacinação em massa.

Desde o início da pandemia Bolsonaro não perdia a oportunidade de construir sua narrativa de responsabilização de prefeitos e governadores em relação aos efeitos econômicos trazidos pela pandemia e as medidas de distanciamento e isolamento social adotadas em algumas regiões. Desconsiderava qualquer argumentação sanitária que defendia essas medidas como forma para conter o avanço dos casos e, além da falta de leitos hospitalares para tratar as pessoas que manifestassem sintomas graves da doença. Assim, o aumento crescente do número de pessoas contaminadas, o crescimento da média diária de mortos, hospitais lotados, falta de leitos de UTI e o colapso funerário formaram um cenário trágico para a população brasileira, sobretudo se considerarmos que parte dessas mortes poderia ser evitada se não fosse a narrativa desinformativa e uma política genocida adotada pelo governo federal.

A estratégia presidencial se baseava na negação do número de mortes geradas pela pandemia. Não faltavam peças desinformativas nas redes sociais sugerindo que havia interesses por parte de prefeitos e governadores em inflar o número de mortos causados pelo novo coronavírus, tendo em vista que quanto maior o número de mortos em uma região, mais aumentavam as verbas a serem recebidas do governo federal. Dizia que havia até alteração do registro de mortes por outras causas, contabilizadas como mortos pela COVID-19, segundo ele favorecendo assim governantes inescrupulosos que só tinham interesse em receber mais recursos federais.

O presidente chegou a mencionar um documento do Tribunal de Contas da União que contestava as notificações de mortes por COVID-19, confirmando a narrativa bolsonarista de que a pandemia estava superdimensionada. No mesmo dia, o TCU abriu uma investigação para apurar a informação e identificou que o documento havia sido produzido por um técnico que teria forjado os dados. O funcionário foi afastado para garantir que não interferiria nas investigações, mas já se sabe que faz parte da rede de bolsonaristas. O fato demonstrou que não se trata somente da disseminação de informações falsas por parte de um núcleo único centralizado, embora existam muitas evidências sobre uma ação orquestrada por um comando. Verifica-se uma espécie de capilarização da falsificação de informações oficiais com o objetivo de dar sustentação ao governo.

Bolsonaro em inúmeras aparições públicas fez declarações que corroboravam esse tipo de boato, demonstrando que também não concordava com os números e as informações veiculadas pela mídia. Algumas vezes afirmava que a mídia era comunista e tinha como objetivo atingir a imagem de seu governo, que fazia parte das forças políticas que tinham interesse em retomar o poder para continuar com a "roubalheira" de sempre. Reiteração da criação de inimigo comum a ser combatido.

É importante esclarecer que uma portaria de julho de 2020 estabelecia os critérios de repasses dos recursos federais para as ações municipais e estaduais de enfrentamento à pandemia, mas não há nenhuma menção que essa transferência de recursos deveria ser vinculada ao número de mortos pelo novo coronavírus.

No Brasil, os gastos com saúde diminuíram expressivamente quando a área mais precisava de aumento de recursos para o atendimento das demandas da população. Em 2020, o orçamento executado foi de 160,9 bilhões, incluindo os créditos da pandemia. Para 2021 foram aprovados 125,8 bilhões, ou seja, um corte de aproximadamente 35 bilhões, reduzindo a capacidade de atendimento do sus e, consequentemente, trazendo mais impactos para o sistema.

A partidarização da pandemia estava dada e, em diversas oportunidades, o conflito entre o presidente e alguns governadores aumentava. João Doria (PSDB), governador do estado de São Paulo, era um dos mais atingidos. Bolsonaro acusava o governador de autoritário por querer impor as medidas de isolamento social, impedindo as pessoas de trabalharem. Um dos *memes* mais compartilhados pelas redes bolsonaristas trazia a imagem de Dória associada a Adolph Hitler, para criar a associação a um dos maiores genocidas da história.

DESINFORMAÇÃO COMO ESTRATÉGIA DE GOVERNO

A postura negacionista do presidente e de seus apoiadores mais fiéis dentro e fora do governo faz parte da intencionalidade de confundir a população sobre as medidas sanitárias e gerar um ambiente de desconfiança generalizada na ciência e nas medidas protetivas adotadas por prefeitos e governadores. Essa postura demonstra claramente que desde janeiro de 2019, início do governo Bolsonaro, a desinformação se transformou em estratégia governamental, orquestrada pelo presidente e por parte de seus ministros, assessores e de seus filhos – o senador Flávio Bolsonaro, o deputado federal Eduardo Bolsonaro e o vereador pelo município do Rio de Janeiro Carlos Bolsonaro.

Durante a pandemia, o presidente dedicou seu tempo para criar confronto com os ministros da Saúde por ele próprio nomeados, mas que demonstraram discordância, por exemplo, em relação ao tratamento precoce. A situação desses ministros chegou ao ponto de serem publicamente confrontados pelo presidente. Dois deles, Henrique Mandetta e Nelson Teich, sistematicamente desautorizados, deixaram o governo em plena pandemia, momentos em que se verificava o aumento do número de mortes e de contaminados, o que requeria a necessidade de um comando central para a rápida adoção de medidas para enfrentar o vírus. Ambos os ministros mostravam um certo constrangimento com a insistência do presidente em relação ao medicamento, mesmo que de forma tímida, sem coragem para enfrentá-lo publicamente.

No lugar desses ministros foi colocado um general, Eduardo Pazuello, que permaneceu aproximadamente dez meses no cargo, destacando-se por obedecer fielmente ao presidente e contrariar todas as medidas aprovadas pela comunidade científica nacional e internacional e agindo desastrosamente nas situações mais críticas da pandemia, como a falta de insumos necessários para as atividades hospitalares.

Pazuello era um ministro de fachada, um fantoche do presidente, não atrapalhava seus planos e se subordinava à liderança do chefe, sem nenhum tipo de contestação. A situação desconstruía a abordagem de vários estudos sobre os militares e o papel das Forças Armadas no governo Bolsonaro. Entre elas, descartamos que era o plano dos militares fazerem a contenção aos arroubos autoritários do presidente. Se isso não havia ocorrido durante a pandemia, pela gravidade da situação, ficava difícil imaginar que poderia ocorrer em outro momento.

BRASIL DE BOLSONARO CONTRA A VACINAÇÃO

Enquanto o mundo aguardava ansiosamente pelo desenvolvimento de uma vacina capaz de deter a expansão da pandemia, o debate tomava outros rumos no Brasil. Um mapeamento realizado pela OMS mostrava que aproximadamente 160 experimentos estavam sendo realizados em 2020 por diversos laboratórios para se chegar à descoberta de um imunizante eficaz. A intensificação das pesquisas mostrava o esforço da comunidade científica, apoiada por muitos governantes de diversos países, menos aqueles comandados pela extrema-direita, que insistia em criar uma narrativa para gerar desconfiança na população.

O presidente Bolsonaro passou o ano de 2020 se posicionando contrariamente à vacinação, defendendo a chamada imunização de rebanho. Para que isso ocorresse, aproximadamente 70% da população precisaria ser infectada. Essa tese defendida pelo presidente era refutada por infectologistas e virologistas, defensores da imunidade através da vacinação em massa.

A tese da imunização de rebanho traria um problema a mais na complexa realidade da pandemia em pelo menos dois aspectos centrais. O primeiro, estava relacionado à ampliação do número de infectados, que gera o aumento do número de mortos, colapso do sistema de saúde, impossibilitando o atendimento aos que tivessem complicações da doença e que precisassem de atendimento hospitalar. Outro fator preocupante era o descontrole do vírus, favorecendo o surgimento de mutações e novas cepas com comportamentos imprevisíveis. No caso brasileiro, isso ocorreu. Uma variante foi detectada em Manaus e rapidamente se espalhou pelo país e fora dele. O Brasil vivia as barreiras sanitárias impostas por vários países, que impediam a entrada de pessoas procedentes do território nacional, para conter a propagação do vírus.

Em meados de 2020, o anúncio do registro da primeira vacina era motivo de comemoração e esperança, tendo em vista a dificuldade de se produzir um imunizante eficaz em tempo tão curto de pesquisa. Era a notícia mais esperada pela imensa maioria da população global, menos pelos ativistas dos movimentos antivacina, interessados em ativar as mais diferentes teorias conspiratórias, produzindo e disseminando pelas redes digitais diversos *memes* e textos semeando dúvidas sobre a eficácia do imunizante. Tudo isso era estimulado pelo discurso do presidente.

Entre os alvos das campanhas de difamação estava o governador paulista João Doria (PSDB). As negociações com um laboratório chinês para o desenvolvimento da vacina colocaram o governador em destaque no debate, transformando-o em alvo da milícia digital bolsonarista, que rapidamente criou um *meme* acusando o governo de querer importar a vacina chinesa que teria um chip acoplado capaz de controlar o comportamento da população. A viralização foi imediata e desencadeou inúmeros boatos, mesmo antes da existência do imunizante, mas preparando o caminho para a criação da resistência da população em relação a ele.

Durante as eleições de 2018, conforme crescia a possibilidade de eleição de Bolsonaro, candidato ao governo do estado de São Paulo pelo PSDB, João Dória abandonou a candidatura presencial de seu partido (Geraldo Alckmin) e associou-se à campanha de Bolsonaro. Criou a chapa Bolsodoria, aproveitando a onda conservadora para pegar carona no processo eleitoral, comportamento tipicamente oportunista.

O Centro de Contingência do estado de São Paulo, criado para monitorar e coordenar as ações contra o novo coronavírus, ocupou um papel importante na adoção de medidas de prevenção e na negociação com a China para a produção do imunizante no Instituto Butantan, reconhecido internacionalmente por sua competência nesse ramo.

Outro alvo importante dos negacionistas era, como sempre, a China. Bolsonaro também não desperdiçava nenhum instante para difundir sua narrativa ideológica, carregada de discurso de ódio, e os chineses eram o centro preferido de ataque. O fato de a epidemia ter eclodido na China ativou o preconceito xenofóbico em relação ao país, além da crítica constante ao regime comunista. Não é menos importante pensar que esse preconceito era ainda mais preocupante pelo fato de estar hostilizando uma das mais importantes potências do mundo e o maior parceiro comercial do Brasil.

A diplomacia brasileira na era Bolsonaro passou a ter relações estreitas não com os EUA, mas com o ex-presidente Donald Trump, que não perdia nenhuma oportunidade de atacar a China. Não faltaram notícias fraudulentas e conspiratórias afirmando que o vírus havia sido criado em um laboratório chinês, notícia desmentida pela comunidade científica internacional que demonstrava, através de estudos, que não é possível fabricar um vírus com as características da COVID-19.

Levantamento realizado pela agência de checagem Pública mostrava que a hashtag #VirusChines alcançou os trending topics no Twitter em 19 de março de 2020, no início da pandemia. Com o auxílio de robôs e também de influenciadores digitais coordenados pelo deputado federal Eduardo Bolsonaro (PSL), filho do presidente, as redes digitais foram inundadas por essa mentira sobre a origem do vírus.

Outra mentira que circulou em grupos de WhatsApp era sobre a declaração do imunologista japonês Tasuku Honjo, vencedor do Prêmio Nobel de Medicina em 2018, que também teria declarado que o novo coronavírus era artificial e havia sido criado pela China. Rapidamente, a agência de checagem de informação Aos Fatos verificou que o conteúdo era fraudulento. Em nota oficial, Honjo negou:

Fico muito triste por meu nome e o da Universidade de Kyoto terem sido usados para espalhar falsas acusações e desinformação. Este é um momento para que todos nós, especialmente aqueles que dedicam suas carreiras aos pioneiros da pesquisa científica, trabalhemos juntos para combater esse inimigo comum.[7]

Essa postura traria sérias consequências para as relações comerciais e diplomáticas entre Brasil e China, principal destino das exportações brasileiras de produtos manufaturados e agropecuários, segundo o Indicador de Comércio Exterior (ICOMEX) da FGV. No entanto, essa não parecia ser a preocupação do presidente e de seu círculo de apoiadores mais próximos.

Foi com indignação que a Embaixada da China no Brasil repudiou o posicionamento de Eduardo Bolsonaro e enviou a seguinte nota: "As suas palavras são extremamente irresponsáveis e nos soam familiares", respondeu em sua conta oficial de Twitter o embaixador da China no Brasil, Yang Wanming. O diplomata afirmou que a postura anti-China não seria aceitável a uma figura pública.

Quanto mais as negociações entre o governo do estado de São Paulo e o laboratório chinês avançavam, mais o governo federal se dedicava a negar a importância da vacinação, condenar a importância do isolamento social, criticar a obrigatoriedade do uso de máscaras em lugares públicos e convocar a população para se manifestar contra as medidas adotadas por prefeitos e governadores.

Essa postura negacionista em relação à vacinação era inédita no Brasil, estava na contramão do histórico do país. O Programa Nacional de Imunização (PNI), criado em 1973, ti-

---

7. Luiz Fernando Menezes. Nobel de Medicina não disse que novo coronavírus foi criado pela China. *Aos Fatos*, 28 de abril de 2020.

nha o objetivo de garantir a todos os cidadãos o acesso às vacinas e que a vacinação maciça fosse capaz de erradicar determinadas doenças. Com experiências bem-sucedidas, o Brasil entre os anos 1960 e 1970 participou da Campanha Mundial de Erradicação da Varíola. Sempre à frente em campanhas de imunização, obteve resultados surpreendentes, diminuindo o número de mortes de várias doenças.

O governo de Bolsonaro virava essa página da história da saúde brasileira. A preocupação de infectologistas era que o ambiente de desconfiança fizesse com que a população não aderisse à vacinação, o que dificultaria ainda mais a imunização coletiva. Bolsonaro recusou a oferta de insumos de laboratórios internacionais importantes, inicialmente, criando nas suas bases digitais o discurso contrário – primeiro à vacina chinesa, e posteriormente levantando suspeitas a qualquer outra.

A desinformação institucional não parava e Bolsonaro emperrava a negociação da compra de vacinas, sob o pretexto de discordar de diversas cláusulas contratuais apresentadas pelo laboratório que comercializava o imunizante. Chegou a dizer que era muito preocupante que a vacina mexesse com o sistema imunológico das pessoas e que aqueles que a tomassem poderiam sofrer mutações e até mesmo virarem jacaré. Ou, demonstrando ainda mais sua misoginia e homofobia, dizia que poderia começar a aparecer barba nas mulheres e que a vacina poderia fazer com que os homens começassem a falar fino.

Em dezembro de 2020, o Reino Unido deu o pontapé inicial à vacinação. Foi o primeiro país a usar o imunizante. A vacina passava do plano da pesquisa e se materializava para a população global. Ironicamente, o primeiro-ministro Boris Johnson, que no início da pandemia adotou um discurso enfaticamente negacionista, após contrair o vírus e ser hospitalizado arrefeceu essa narrativa, dando início à organização da imunização no seu país.

Falar contra a vacina enquanto ela não existia era uma coisa, mas quando passamos a ver as cenas de países que iniciavam suas campanhas de imunização, a opinião pública começou a mudar. Evidentemente que os países que conseguiram vacinar suas populações rapidamente são os mais ricos e que o caminho seria longo para alcançar percentuais aceitáveis de vacinação em âmbito global.

Era impossível ignorar a desigualdade social no combate à pandemia e isso reflete nas condições precárias em que vive parte expressiva da população mundial, fatores que incidem diretamente nas formas de contágio e de recuperação dos infectados. Os boletins epidemiológicos divulgados pelo Ministério da Saúde traziam informações de raça e cor nas internações e mortes pelo novo coronavírus, confirmando que morrem 40% mais negros que brancos, aproximadamente. Dados que denunciam a situação dramática da população pobre, preta e periférica, abandonada à própria sorte.

Finalmente, em janeiro de 2021, a vacinação era iniciada no Brasil. Mas ao mesmo tempo que trazia alguma esperança, também mostrava o quanto faltava para a imunização da população num país que não tinha planejamento e, como veremos mais à frente, não havia comprado as vacinas, ignorando oferta de laboratórios interessados em negociar a venda do imunizante.

Nesse momento o Brasil começou a viver a chamada segunda onda da pandemia, que continuava a lotar as UTIS. A cidade de Manaus atravessou uma crise grave de falta de oxigênio, provocando uma situação crítica que expôs ainda mais o então ministro da Saúde, general Eduardo Pazuello, que demorava em dar respostas efetivas ao morticínio, tornando sua permanência no ministério cada dia mais insustentável.

A DESCOBERTA DO GABINETE PARALELO NA CPI

A ausência do Plano Nacional de Imunização para fazer a coordenação da vacinação, as atitudes de boicote explícito do Ministério da Saúde, a falta de oxigênio e insumos para a produção de vacinas causavam movimentação no Congresso Nacional, que conseguiu aprovar a criação de uma Comissão Parlamentar de Inquérito (CPI) para investigar as ações e omissões do governo federal no enfrentamento da pandemia. Depoimentos revelavam aspectos ainda obscuros da atuação governamental, além de demonstrar uma rede conspiratória dentro das instituições, utilizando-se das estruturas oficiais para boicotar a vacinação.

Personagens sem grande expressão pública começam a aparecer e a mostrar parte do maior esquema de aparelhamento institucional, responsável pela produção desinformativa que teve como decorrência milhares de mortes.

O presidente era assessorado para a tomada de decisões por técnicos que não faziam parte do Ministério da Saúde, mas integrantes de uma espécie de gabinete paralelo, composto por profissionais adeptos do negacionismo científico. Esse grupo foi criado para o aconselhamento de decisões em relação à pandemia e produzia as bases para que fossem elaboradas a desinformação compartilhada nas mídias sociais. Embora não fizessem parte da estrutura institucional, verifica-se a materialidade dessa consultoria em diversos atos e medidas oficiais.

A intenção verificada na ação sistemática do governo federal revela uma atuação orquestrada para disseminar o vírus em âmbito nacional para atingir a imunidade de rebanho pelo alto índice de contágio da população – medida, como dissemos anteriormente, não recomendada por nenhuma organização sanitária internacional. Não é simples demonstrar quantas mortes poderiam ter sido evitadas, caso houvesse uma conduta adequada e coordenada por parte das autoridades públicas. Mas é possível confirmar que a política governamental articulava a produção de informações falsas, mentiras e teorias da conspiração com atos oficiais que provocaram situações de vulnerabilidade da população em relação ao contato com o novo coronavírus.

A partir da análise minuciosa de portarias, medidas provisórias, leis, resoluções e decretos governamentais articulados às declarações públicas do presidente, há clareza da intencionalidade. É o que ficou demonstrado no boletim *Direitos na pandemia – mapeamento e análise das normas jurídicas de resposta à* COVID-19 *no Brasil*, desenvolvido conjuntamente pelo Centro de Pesquisas e Estudos de Direito Sanitário (Cepedisa) da Faculdade de Saúde Pública (FSP) da Universidade de São Paulo (USP) e a Conectas Direitos Humanos.

O esforço dos pesquisadores mapeou 3.049 normas relacionadas à COVID-19 somente em 2020. Tratava-se de uma ação direta entre os atos normativos federais buscando obstruir as iniciativas locais, além da propaganda sistemática contra a saúde pública por parte do governo. Exemplo desse tipo de norma jurídica está na insistência em impedir a obrigatoriedade do uso de máscara em locais públicos, decreto adotado por vários prefeitos e governadores que Bolsonaro tentava barrar com outro decreto. Foi impedido pelo STF, que garantiu aos poderes locais a liberdade para o estabelecimento das medidas consideradas necessárias para impedir o avanço do número de infectados.

Essas iniciativas oficiais mostram não somente a negligência do governo federal, a inoperância do Ministério da Saúde, mas principalmente reiteram seu caráter genocida. Aquilo que parecia amadorismo ou incompetência ficava cada vez mais claro que se tratava de uma estratégia, uma estratégia de morte, uma estratégia institucional de propagação do vírus.

As informações sistematizadas no Boletim comprovam o uso das instituições para materializar a prática antissistêmica, dentro do próprio sistema, ou seja, demolir as instituições por dentro e aqui vale relembrar a orientação de Steve Bannon, estrategista da *alt-right* norte-americana, ex-assessor de Donald Trump que mantém vínculos estreitos com a família Bolsonaro. Trata-se não somente da produção e disseminação em massa de desinformação, mas da *efetivação da ultranecropolítica*. Poderíamos afirmar, com isso, que o contexto pandêmico contribuiu para a implementação acelerada de uma política genocida.

No caso da vacinação, temos uma das demonstrações mais concretas da política de morte adotada pelo governo federal através da narrativa negacionista composta pelos seguintes argumentos: minimização da pandemia ("é só uma gripezinha"), questionamento do elevado número de mortes, defesa da imunidade de rebanho por contágio, questionamento das medidas de isolamento social através da promoção de aglomerações, não adoção do uso de máscaras e, ainda mais grave, a não negociação da compra de vacina em tempo hábil para garantir a imunização da populações.

A falta de empatia do presidente em relação às famílias e amigos das vítimas causava espanto até mesmo em alguns de seus eleitores, que demonstravam arrependimento ou decepção. As pesquisas de opinião pública revelavam a queda da popularidade e, de certa forma, um certo enfraquecimento da narrativa negacionista.

Neste cenário, a narrativa antivacina por parte de Bolsonaro começava a ser abalada quanto mais se divulgavam as imagens da imunização em vários países do mundo, fazendo com que as pessoas começassem a mudar de opinião. Segundo pesquisa realizada pelo Datafolha em maio de 2021, 91% dos brasileiros pretendiam se vacinar e foi o que aconteceu quando as unidades de saúde abriram a vacinação. A desconfiança disseminada pelas redes bolsonaristas em relação aos imunizantes vão dando lugar à adesão popular, que começa a criticar a demora no processo e a demonstrar descrédito na narrativa presidencial.

O uso das redes digitais e o impacto na ordem democrática

Em diversas partes do mundo, a democracia vem sendo questionada e parte da literatura da ciência política recente tem se dedicado a compreender os motivos que a levam a morrer ou a chegar ao fim. Esse diagnóstico é fundamental para tentarmos enfrentar as sucessivas crises dos Estados democráticos que abrem caminho para as ideologias autoritárias ganharem força no tecido social.

Para compreendermos o contexto político brasileiro precisamos recuperar alguns aspectos históricos que possibilitaram a eleição de um governante com o perfil ideológico de extrema-direita. A vitória de Jair Bolsonaro em 2018 causou espanto nos setores democráticos e progressistas que não conseguiam compreender como havia sido possível aquele resultado. Após mais de 30 anos da redemocratização, se acreditava que o espírito dos tempos autoritários teria ficado no passado.

Alguns analistas apostavam na curta duração desse período, outros que ele seria mais longo do que prevíamos. Avritzer sinalizou para o caráter pendular da democracia brasileira e como encontramos na nossa institucionalidade a presença tanto das estruturas democráticas quanto das não democráticas que podem ser acionadas de tempo em tempo. A partir de junho 2013, com os protestos que levaram milhares de manifestantes às ruas, inicialmente com pautas de mobilidade urbana e posteriormente com a ampliação e incorporação de reivindicações difusas, observou-se a entrada de novos atores políticos que estavam longe dos espaços públicos.

Começamos a observar o crescimento de forças políticas com a agenda vinculada aos princípios conservadores e também de extrema-direita e, além de entender que a consolidação democrática ainda estava distante, notava-se uma regressão em alguns valores e costumes que passaram a resultar em aumento de conflitos entre grupos políticos. Naquele contexto, começava a ganhar destaque maior os protagonistas que sempre estiveram na cena política, mas não chegavam a ocupar a centralidade e tinham aparições mais episódicas.

Um conjunto de fatores básicos são necessários para a composição do ambiente social e político para que o pensamento autoritário consiga uma capilaridade ao ponto de ser incorporado e legitimado por parte expressiva da população. A produção discursiva passa a ter um papel relevante e o uso de estratégias para alcançar os objetivos dessas forças políticas ganham ingredientes cada vez mais sofisticados, incorporando o uso de dinâmicas comunicacionais, associada aos dispositivos tecnológicos e informacionais. As lideranças políticas autoritárias apostam na criação de polarizações forjadas artificialmente, adotando discursos e práticas no mínimo questionáveis e até mesmo criminalizáveis. A elaboração de narrativas convincentes é fundamental, mesmo que com argumentos duvidosos, sem fundamentos, sem embasamento nos fatos, mas acionando a lógica do *nós contra eles*, o bom e velho inimigo a ser combatido ou eliminado.

Em outros tempos era incomum ouvirmos na esfera pública a apologia ao nazismo e seus crimes. O enaltecimento

das ideias nazistas ficava circunscrito aos grupos minoritá-
rios, ultra-extremistas, sem expressão na sociedade e rapidamente eram questionados por setores progressistas com
argumentos e registros que mostravam os horrores promovi-
dos pelo regime que eliminou milhões de pessoas na primeira
metade do século xx.

Há mais de 50 anos, o filósofo alemão Theodor Adorno
afirmava que a educação após o Holocausto só teria sentido
para evitar a repetição daquela barbárie – referindo-se a importância da educação para evitar situações vividas durante
o nazismo. A atualidade desse alerta ocorre justamente num
momento em que um certo revisionismo histórico abriu caminho não somente para totalitarismos analisados pelo autor,
mas para as práticas autoritárias crescentes em sociedades
democráticas. A abordagem de Adorno nos ensina que as
lideranças autoritárias buscam investir sistematicamente no
potencial antidemocrático, potencializando medos enraiza-
dos nas pessoas para torná-las predispostas a certas crenças
e resistentes aos fundamentos básicos da democracia.

Nos anos 1940, Adorno coordenou uma pesquisa nos EUA,
com a realização de entrevistas para verificar se seria possível que um fenômeno como o nazifascismo alemão ocorresse
em um país com uma dinâmica democrática consolidada. Os
resultados apontaram questões fundamentais para se conhecer os microfascismos e compreender como as pessoas podem se tornar mais suscetíveis às influências da propaganda
ideológica autoritária.

Alimentar ressentimentos, preconceitos, visões negacionistas ou revisionistas constitui parte da estratégia desse tipo
de líder com o objetivo de preservar e ampliar seu leque de
apoiadores. Esse tipo de atuação não é novo e foi adotado

pelas principais lideranças autoritárias ao longo da história. Nesse sentido, a reflexão desenvolvida por Adorno, além da atualidade, contribui para compreender a presença do fascismo potencial ou da dinâmica da personalidade autoritária mesmo nas sociedades democráticas. Para o autor, na Alemanha nazista, as pessoas não necessariamente se identificavam com a ideologia do regime, porém, em alguma medida, expressavam princípios conservadores e antidemocráticos que eram alimentados pelos governantes para manter a população em sintonia com esses valores.

Em outra perspectiva, mas corroborando com essa reflexão, encontramos o instigante ensaio da filósofa alemã, Hannah Arendt, intitulado "Verdade e Política", publicado em 1967. Logo no início, apresenta as seguintes indagações:

As mentiras foram sempre consideradas como instrumentos necessários e legítimos, não apenas na profissão de político ou demagogo, mas também na de homem de Estado. Por que será assim? E o que é que isso significa no que se refere à natureza e à dignidade do domínio político, por um lado, e à natureza e à dignidade da verdade e da boa-fé, por outro? Será da própria essência da verdade ser impotente e da própria essência do poder enganar?[1]

A filósofa estava preocupada em discutir as verdades de fato e pensar nos acontecimentos que são engendrados pelos homens em suas ações na sociedade. Para ela, é a verdade de fato que interessa, embora reconheça que pode ser efêmera e falsificada ao ponto de apagar ou alterar os acontecimentos, considerando a fragilidade deles. Além dessa natureza frágil, os fatos e as opiniões são facilmente confundidos, mesmo que tenham origens diferentes e reconhecendo que cada mo-

1. Hannah Arendt. *Entre o passado e o futuro*. São Paulo: Editora Perspectiva, 1997.

mento histórico possa escrever sua própria história, Arendt afirma que não se pode permitir que os fatos sejam reconstituídos, apenas suas interpretações.

O Dia Internacional em Memória às Vítimas do Holocausto, comemorado anualmente, relembra o momento em que as tropas da União Soviética chegaram ao campo de concentração de Auschwitz. A libertação dos judeus é um fato histórico e é considerada um símbolo do Holocausto. Mesmo que alguns partidários dos ideais nazistas insistam em negá-lo, é importante lembrar que mais de seis milhões de judeus foram exterminados pela Alemanha sob o domínio do regime nazista e por isso é essencial abordarmos os negacionismos e revisionismos.

Os recentes episódios envolvendo a discussão sobre o Holocausto nos fazem retomar um debate importante a respeito das motivações que levam as pessoas a aderirem às informações fraudulentas e mentirosas sobre ele. O crescimento desse tipo de narrativa é preocupante, tendo em vista o aumento de posturas defensoras de retrocessos e práticas políticas inspiradas nos totalitarismos.

O filme *A negação*,[2] baseado em uma história real, narra uma disputa judicial entre um negacionista e uma historiadora do Holocausto. Trata-se de obra interessante para demonstrar a coragem de verdade expressa na figura da pesquisadora que não permitiu que os fatos históricos fossem revistos para beneficiar as narrativas nazifascistas que negam a existência de campos de concentração e aborda a memória,

---

2. Filme dirigido por Mick Jacson e escrito por David Hare, filmado no Reino Unido e nos Estados Unidos. Produzido pela BBC e lançado em 2016, tem 110 minutos.

conservação e imagem do Holocausto para que não haja mais nenhuma possibilidade de se repetir esse tipo de crime.

É fato que as ideias dos negacionistas conturbam o debate, principalmente quando seus autores afirmam estarem sendo cerceados no direito à liberdade de expressão ao defenderem que o Holocausto nunca existiu. É importante lembrarmos que não se trata de liberdade de expressão, mas sim da defesa de um genocídio que é crime previsto em legislações nacionais e nos fóruns internacionais.

O crescimento da extrema-direita conservadora no mundo chama a atenção dos estudiosos do fenômeno. São movimentos, partidos, governantes que estão se organizando em seus respectivos países, como podemos observar a Frente Nacional Francesa (França), a Aurora Dourada (Grécia), a Pegida (Alemanha), o Partido da Liberdade (Áustria), o Partido Lei e Justiça (Polônia), a Liga Norte (Itália), o Vox (Espanha) além dos governantes Viktor Orbán da Hungria, Donald Trump dos EUA, Volodymyr Zelensky da Ucrânia, Recep Tayyip Erdogan da Turquia, Rodrigo Duterte das Filipinas, Jeanine Áñez da Bolívia, e Jair Bolsonaro do Brasil, para citar os maiores expoentes desse ideário. Ao observamos essas lideranças políticas, os movimentos e partidos que compõem esse campo ideológico da extrema-direita, podemos identificar a desinformação e o negacionismo como um dos pontos em comum.

Alguns acontecimentos recentes da política brasileira apontam para a necessidade de refletirmos sobre a importância de qualificarmos o debate político com base em fatos e não em interpretações descontextualizadas da realidade ou falsificadas por meio de um conjunto de estratégias adotadas pelos grupos de extrema-direita, cuja crescimento global preocupa cada vez mais aqueles que buscam manter princípios básicos de uma sociedade democrática. Entre essas estratégias temos a prática sistemática da desinformação.

A comunicação direta com a população é uma das formas empregadas para que o ideário autoritário prospere e mantenha o maior número de pessoas sintonizadas com os valores conservadores e até mesmo reacionários. Jair Bolsonaro, ao longo de sua trajetória, construiu um discurso composto por pautas anti-direitos humanos, defendeu a prática de tortura, o uso da violência, o extermínio de comunistas e a defesa da ditadura militar.

Com isso, se estabeleceu uma imagem pública da salvação nacional contra os inimigos do país, os antipatriotas, os comunistas, reforçando a ideia do mito salvador que foi essencial para configurar uma base eleitoral fiel e consolidar um movimento: o bolsonarismo. Essa demonstração é típica do culto à personalidade, da mitificação e glorificação do líder político, aspectos característicos de lideranças autoritárias. Não é por acaso que seus seguidores mais radicais se referem a ele como *o mito*.

A desinformação, o medo, o discurso de ódio, o racismo, a homofobia e diversas manifestações de intolerância vêm sendo utilizadas para influenciar eleições e processos políticos através de uma lógica de engajamento que se diferencia das formas tradicionais pelo uso intenso das redes digitais para impulsionar uma dinâmica comunicacional jamais vista anteriormente. As táticas de compartilhamento de desinformação por Facebook, WhatsApp, Telegram, Instagram, YouTube, entre outras plataformas, encontram eco nas crenças conservadoras presentes no campo social. Cada postagem é calculada para gerar o engajamento, mesmo que haja incoerência ou mentira na mensagem divulgada, demonstrando a falta de compromisso ético com os efeitos daquilo que se dissemina.

Os partidos de extrema-direita são os diretos beneficiários da propagação de emoções como raiva, ódio e ressentimento impondo uma conduta de desconfiança em tudo o que não seja eles mesmos. A exemplo disso, temos inúmeras declarações e ações de Donald Trump e Jair Bolsonaro, apenas para mencionar dois dos representantes proeminentes dessa perspectiva política.

No início dos anos 2000, a Internet enchia de esperança o campo progressista por ser uma rede de redes e possibilitar a abertura às vozes sempre silenciadas. Isso de fato ocorreu e abriu brechas para a articulação de indivíduos e grupos que puderam potencializar suas formas de resistência. No entanto, não estava tão presente nos debates, influenciado por um tipo de *ciberotimismo*, que a rede também abriria oportunidades para discursos de ódio e desinformação.

Alguns pesquisadores, mesmo que timidamente, fizeram esse alerta, talvez não o suficiente. A tendência crescente de ocupação da rede pela desinformação apresenta métodos e estratégias bastante sofisticados. A seguir abordaremos as técnicas e tecnologias que passaram a fazer parte das estratégias das lideranças políticas de extrema-direita para chegarem, permanecerem e corroerem as instituições democráticas.

Abordaremos brevemente a sofisticada apropriação tecnológica no processo de modulação da opinião e de comportamentos políticos.

DA TÉCNICA À PRODUÇÃO DA DESINFORMAÇÃO

O ano de 2016 pode ser considerado um divisor de águas nas campanhas políticas. Naquele momento foi realizado o plebiscito sobre a permanência do Reino Unido na União Europeia, o Brexit. Em novembro do mesmo ano, os norte-americanos também elegeram Donald Trump para a Presidência dos Estados Unidos. Ambos os processos eleitorais têm em comum uma forma inovadora de campanha para conquistar os eleitores. Além disso, também tiveram em comum a empresa responsável pelo desenvolvimento dessa estratégia: a Cambridge Analytica.

Frequentemente lemos menções sobre os escândalos da Cambridge Analytica e acreditamos ser sumamente importante conhecer em detalhes as operações realizadas pela empresa para compreendermos as conexões em torno dela. Atores políticos, quase sempre vinculados ao ideário da extrema-direita, articulados a bilionários influentes buscavam ampliar a influência em processos políticos em diferentes países.

Cambridge Analytica, empresa que atuou na área de mineração e análise de dados foi criada em 2013 e desde então atuou em aproximadamente 40 campanhas eleitorais em diversos países. Associada à Strategic Communication Laboratories (SCL Group), empresa britânica atuante em pesquisas de comportamento e estratégia de comunicação, ambas tornaram-se conhecidas por escândalos em processos políticos e eleitorais.

A jornalista do inglês The Guardian, Carole Cadwalladr, realizou uma investigação minuciosa e consistente sobre as atividades da empresa que oferecia um marketing político inovador com base na microssegmentação de dados para avaliar a personalidade dos eleitores, a partir das chamadas *pegadas digitais* que são informações disponibilizadas pelos usuários em diversas atividades realizadas na Internet. Por meio de informações diferentes, como por exemplo, dados de compras, cartão de fidelidade, associações a clubes, igrejas frequentadas, livros e revistas pesquisados, entre outras, foi possível construir um perfil desses usuários.

Entre as revelações trazidas por Cadwallard, temos a confirmação da conexão direta entre os apoiadores da campanha favorável ao Brexit, e a campanha de Donald Trump, mas esse era só o começo das articulações entre ambos. Nigel Farage, um dos principais defensores e articuladores da campanha favorável à saída do Reino Unido da União Europeia, comemorou de forma entusiasmada o resultado da eleição norte-americana e teve relações estreitas com Steve Bannon, coordenador da campanha de Donald Trump que na época também era vice-presidente da Cambridge Analytica. Farage faz parte de um grupo de bilionários que apoiou o Brexit e viram na estratégia de campanha desenvolvida pela Cambridge Analytica a chave para o sucesso das eleições norte-americanas.

Alexander Nix, CEO da Cambridge Analytica, desempenhou um papel fundamental nas eleições norte-americanas de 2016 e pode ser considerado um dos grandes mentores do sofisticado uso de dados em processos eleitorais. Ganhou destaque nas prévias republicanas e já possuiu toda a estrutura de dados sobre os eleitores norte-americanos, obtidos por meio de enquete e conseguiu criar cinco mil pontos de medição que possibilitavam prever a personalidade de cada eleitor, portanto, poderia influenciar o comportamento nas eleições. Foi contratado a trabalhar para a candidatura de

Donald Trump e adotou a estratégia de utilizar o estudo do comportamento eleitoral para disseminar vídeos que atingissem a reputação da adversária de Trump, a democrata Hillary Clinton. Os vídeos associavam a imagem de Clinton à corrupção, escândalos sexuais envolvendo crianças e outras mentiras.

Entre os vencedores das eleições norte-americanas, alguns nomes se destacam pelo papel desempenhado na vitória de Donald Trump. Robert Mercer, um dos donos da Cambridge Analytica, bilionário norte-americano que gerenciava fundos de investimento, foi programador da IBM e seus amplos conhecimentos de matemática fizeram com que ele descobrisse algoritmos capazes de monitorar o mercado e, assim, enriquecer. É importante destacar que Mercer foi apoiador de causas identificadas com o perfil ultraconservador e foi por isso que se aproximou de Steve Bannon, um dos diretores da empresa.

A *alt-right* norte-americana, também conhecida como direita alternativa, articula-se em torno da rejeição ao conservadorismo clássico e se organiza em torno de sexismo, antissemitismo e xenofobia. São adeptos e produtores de teorias da conspiração e apoiadores dos supremacistas brancos, grupos com ideias claramente racistas. As origens dessa extrema-direita podem ser localizadas em fóruns da Internet, como por exemplo *4chan* e *8chan*, uma espécie de fábrica de produção de *memes* utilizadas pelos seguidores desse ideário ultraconservador.

A linguagem do deboche, da caricatura, da agressividade e do desrespeito são características das práticas comunicativas desse ideário. Trata-se de uma forma de afirmar que falam *livremente* sobre qualquer tema e que não podem ser censurados. Afirmam serem contrários ao chamado *politicamente correto* e é possível ver uma carga política bastante intensa nesse tipo de linguagem amplamente utilizada nas mídias desse espectro ideológico, principalmente em canais do YouTube.

Outro termo utilizado por esse grupo é o *marxismo cultural*, também criado pela extrema-direita que se inspirou na obra *Minha luta*, de Adolf Hitler. Segundo essa teoria, o marxismo econômico dos anos 30 fracassou e esse espaço teria sido ocupado por judeus que começavam a influenciar fortemente a cultura para destruir os valores conservadores.

É fundamental observarmos as conexões internacionais da extrema-direita conservadora com o presidente Jair Bolsonaro. No discurso de posse presidencial, ele disse que acabaria com o socialismo e o politicamente correto, demonstrando claramente sua intenção em ativar a equação *nós contra eles*, ou forjar a lógica *amigo versus inimigo*, tão utilizada pelo populismo de direita para atacar os movimentos sociais, partidos políticos e intelectuais afinados com o pensamento do campo progressista e de esquerda. O termo *politicamente correto* é muito vago, impreciso, pode adquirir vários significados, mas frequentemente é utilizado por aqueles que praticam diversas formas de intolerância, buscando naturalizá-las, além de passar atestado de espontaneidade, algo do tipo "falo o que me vem à cabeça, não estou nem aí".

A extrema-direita explora sistematicamente as dinâmicas emocionais para mobilizar a população no sentido de ampliar sua força política e ganhar a disputa de narrativa. Para tanto, adota práticas discursivas capazes de atingir os afetos individuais e coletivos. Utiliza de técnicas para compreender os sentimentos, a raiva, o ódio que passam a ser trabalhados e apresentados sob a roupagem da autenticidade.

Não é novidade o uso de métodos para o monitoramento do comportamento político e da opinião pública. A Strategic Communication Laboratories (SLC) atuava na análise de informações de indivíduos para classificar seus comportamentos e eram especializados em Operações Psicológicas.[3] Trata-se de dinâmicas para transmitir informações e indicadores selecionados a fim de influenciar as emoções e reforçar o comportamento favorável aos princípios e objetivos dos Estados para os quais trabalha. Existem três tipos principais de atuação: estratégica, operacional e tática.

As PSYOP estratégicas incluem as atividades informativas conduzidas pelas agências governamentais dos EUA fora da arena militar. As operacionais são conduzidas nas diversas operações militares em uma área operacional específica para promover a eficácia das campanhas e estratégias do comando. Já as táticas são conduzidas na área designada a um comandante especializado em operações militares para apoiar uma missão contra as forças adversárias.

É importante observarmos que o método pode ser utilizado – e tem sido com alguma frequência – para estimular revoltas populares em países em que o governo norte-americano tem interesses políticos ou econômicos. Busca definir ações para provocar uma reação esperada em um indivíduo ou em grupos, ou seja, a partir da definição de um determinado público-alvo que se quer exercer a influência. Pode ser usado até mesmo para induzir confissões ou reforçar

3. Psychological Operations (PSYOP) – termo militar para definir o uso de técnicas da psicologia para monitorar o comportamento individual e coletivo.

atitudes e comportamentos favoráveis aos objetivos de quem o aplica, além de ser muito útil para destruir moralmente os adversários.

O uso dessas técnicas também não é exatamente uma novidade, mas o que vimos foi a introdução de novas formas de monitoramento de redes digitais atuando nesse campo. O uso do *Big Data* pode ser observado a partir das revelações dos procedimentos ilegais realizados pela Cambridge Analytica em 2016. A partir das denúncias de Christopher Wylie, ex-programador da empresa, foi possível conhecer alguns detalhes sobre os bastidores, os métodos e os envolvidos, destacando-se entre eles Steve Bannon. As revelações produziram um impacto midiático global e afetou políticos e instituições britânicas e norte-americanas.

De acordo com Wylie, o propósito da empresa não era somente atuar na área de ciência de dados, mas principalmente de propaganda. As inovações estavam baseadas em modelos matemáticos para elaboração da publicidade, utilizando técnicas de modelagem de dados, mineração massiva de informações e categorias psicológicas. A partir da combinação dessas técnicas utilizadas para a análise comportamental era possível obter respostas aos mais diversos estímulos, no caso específico, obter com o máximo de precisão as possibilidades de assimilação de mensagens políticas por parte de eleitores.

O processamento dessas informações foi desenvolvido graças ao aplicativo criado por Alexander Kogan, pesquisador da Universidade de Cambridge que trabalhava no Centro de Psicometria de Cambridge, com os psicólogos David Stillwell, Thore Graepel e Michal Kosinski. O laboratório era responsável pelo desenvolvimento de pesquisas para compreender as diferenças individuais em comportamentos e identificar traços de personalidade a partir das características psicológicas dos indivíduos. As pesquisas realizadas pela equipe se utilizavam de diversos métodos computacionais, incluindo *machine learning* (aprendizado de máquina), uso dos algoritmos, mineração de dados e processos de observação com milhões de participantes.

Empregando o método chamado *Big Five* ou OCEAN,[4] a Cambridge Analytica utilizava as informações coletadas por Kogan para criar medições de traços psicológicos e poder classificá-los a fim de criar segmentações e disseminar mensagens aos seguintes perfis:

1. Abertura (*a novas experiências*)

2. Consenciosidade (*perfeccionismo*)

3. Extroversão (*sociabilidade*)

4. Condescendência (*cooperatividade*)

5. Neuroticismo (*temperamento*)

O método permitia saber se as pessoas eram impulsivas ou tranquilas, extrovertidas ou tímidas, controladas ou explosivas e, assim por diante. Era evidente compreender o interesse da empresa pelas pesquisas de psicometria e neurociência, considerando que visava com esse conhecimento atingir os usuários das redes sociais. Desse modo, foram adotadas as técnicas de modulação de mensagens desenvolvidas para influenciar os eleitores no plebiscito da Inglaterra e na campanha eleitoral norte-americana, tendo favorecido as posições políticas dos conservadores.

4. OCEAN é um acrônimo em inglês, composto pelas seguintes palavras: *Openness, conscientiousness, extraversion, agreeableness* e *neuroticism*.

Significa dizer que os indivíduos recebiam as mensagens que se enquadravam com alguns valores e crenças relacionadas ao seu perfil de personalidade. A utilização do método do *Big Five* favorecia uma forma de reforçar as segmentações, as bolhas e os jardins murados, impedindo práticas de diálogo, trocas e interações. Como consequência, temos a falta de debates, o enclausuramento em grupos de convicções, trazendo um impacto significativo para a democracia.

Esse comportamento produz uma espécie de câmera de eco ideológica, considerando que as ideias ou crenças que circulam nessas redes são amplificadas pela repetição de um mesmo padrão, de uma mesma visão de mundo, portanto, os indivíduos ficavam vulneráveis a propagandas que, em muitas situações, reproduziram somente desinformação.

DA DESINFORMAÇÃO À AÇÃO GOVERNAMENTAL NAS CAMPANHAS ELEITORAIS

Uma breve análise do contexto político em que se realizaram as eleições presidenciais norte-americana e brasileira é fundamental para compreendermos os aspectos que podem ser considerados decisivos para a chegada àqueles resultados, e para isso é relevante observarmos não somente a dinâmica política nacional, mas identificarmos algumas matrizes comuns de um fenômeno global que mostra a expansão do ideário e os métodos da extrema-direita ultraconservadora.

Nas eleições norte-americanas de 2016, uma parcela significativa do eleitorado estava desgastada após a crise financeira de 2008 que promoveu empobrecimento brutal da população, principalmente das classes médias que já viviam um processo de perda de empregos e renda pela dinâmica da reestruturação produtiva. Como desdobramentos dessa crise verificamos o desemprego elevado e a precarização do trabalho, para ficarmos apenas nos temas do campo econômico.

Donald Trump conjugou alguns aspectos importantes, por exemplo, a crítica ao globalismo, era apontada como responsável pelo fracasso da economia norte-americana, fazendo coro com a *alt-right*. Com a promessa da retomada do crescimento econômico, a volta dos empregos e da América para os norte-americanos, atraiu a atenção dos descontentes. Segundo Jeremy Adelman, do Laboratório de História Global da Universidade de Princeton, o fenômeno era chamado de *nativismo*. Trata-se da construção de uma narrativa em que os cidadãos norte-americanos teriam um lugar melhor na sociedade, estimulando um discurso xenófobo, racista, em relação aos imigrantes latino-americanos, além de reforçar o preconceito ao islã, frequentemente associado ao terrorismo.

Dirigindo seu discurso para a classe média branca moradora de cidades pequenas, com baixa escolaridade, perfil mais conservador, que sentiam-se perdedores após a crise de 2008, período em que haviam ficado sem empregos e que a bolha imobiliária tinha levado suas casas e as economias de uma vida. O objetivo trumpista era claro: *fazer a América grande* para os norte-americanos, e os legítimos representantes eram os brancos da classe média.

Donald Trump, com um estilo imponente e grande facilidade de comunicação adquirida em seu famoso reality show, entrou na disputa das prévias do Partido Republicano sem grandes chances, mas os norte-americanos — e o mundo – foram assistindo a ascensão de um candidato que esbanjava narcisismo, megalomania, culto à ignorância, enaltecendo os preconceitos raciais, sexuais e de classe. Tudo isso na embalagem de alternativa aos políticos considerados tradicionais e a ênfase no fato de ser um empresário de sucesso e não um político de carreira. Uma candidatura assentada no antissistema, característica marcante da extrema-direita em diversas partes.

Além do papel da Cambridge Analytica abordado anteriormente, observamos também o processo de produção industrial de desinformação realizado na Macedônia, pequeno país localizado na península dos Balcãs, no sudoeste da Europa. A cidade de Veles ficou conhecida como uma espécie de "fábrica mundial de *fake news*", embora não fosse o único celeiro desse tipo de produção. Durante as eleições norte-americanas de 2016, aproximadamente cem sites em defesa da candidatura do republicano Donald Trump estavam registrados no país pelos chamados *Veles boys*, grupos de jovens produtores de desinformação e notícias fraudulentas.

A partir do site Breitbart, que na época tinha Steve Bannon como um dos proprietários, notava-se a ampliação na disseminação de desinformação e mentiras produzidas principalmente em Veles e é importante ressaltar que essas mentiras chamaram mais atenção e despertaram mais interesse do que as manchetes veiculadas pelos grandes meios de comunicação. Silverman[5] destaca que as vinte notícias fraudulentas com melhor performance na rede social geraram 8.711.000 partilhas, reações e comentários, número bastante expressivo que corrobora com a pesquisa realizada em maio de 2016 pelo Pew Research Center, mostrando que 62% dos adultos norte-americanos consultavam notícias por meio das redes sociais. Em novembro de 2016, mostrava que 79% dos

---

5. This Analysis Shows How Fake Election News Stories Outperformed Real News On Facebook. *Buzzfeed News*, 16 de novembro de 2016.

estadunidenses adultos entrevistados declararam usar o Facebook, mais que o dobro dos utilizadores de outras redes como Instagram 32%, Pinterest 31%, Linkedin 29% e Twitter 24%.

Algumas semelhanças podem ser identificadas nos contextos das eleições presidenciais norte-americana, em 2016, e brasileira, em 2018. Não se trata aqui de um estudo comparado, que exigiria uma análise mais aprofundada, mas de destacar alguns aspectos que mostram além das analogias, elos entre elas, principalmente ao identificarmos a construção de um movimento de ultradireita em âmbito global. Coincidentemente, *Movimento* é o nome dado por Steve Bannon à articulação de grupos conservadores que atuam em vários países. Uma marca característica desses grupos é a produção de desinformação para influenciar a configuração da opinião pública.

Nesse sentido, vemos que a candidatura de Jair Bolsonaro nas eleições de 2018 se inspirou nos métodos utilizados por Trump e contou com uma espécie de consultoria de Bannon e de Olavo de Carvalho, conhecido como guru da extrema-direita brasileira. Desde 2005, Carvalho morava nos EUA e atuava como uma espécie de *eminência parda* da família Bolsonaro. Conhecido polemista das redes, Carvalho foi apontado como um dos grandes articuladores da nova direita, identificado por um estilo agressivo, criador e disseminador de discursos de ódio, negacionismo e um dos maiores produtores de teorias da conspiração. Bannon e Carvalho desempenharam papel fundamental nos bastidores dessas campanhas eleitorais.

A vitória da extrema-direita em 2018 colocou o Brasil num circuito de países que estão vivenciando a retórica populista de direita e trouxe um cenário de profunda preocupação sobre os rumos da democracia brasileira, bastante impactada desde o golpe de 2016. O crescimento dessa ideologia em diversos lugares vem chamando a atenção dos setores progressistas, não somente pelo significado da expansão dessas ideias, mas pela adesão de parcelas da população aos princípios antidemocráticos.

O papel das estratégias de comunicação utilizadas nas plataformas digitais pelos atores políticos afiliados a esses grupos tem demonstrado a sofisticação da estratégia para transformar a narrativa conservadora em algo orgânico nas redes, como se fosse uma expressão espontânea dos anseios da população. Esse contexto nos permite compreender o papel que a desinformação ocupou, tendo em vista que foi amplamente utilizada durante todo o período eleitoral.

Grupos de extrema-direita utilizam a desinformação para disputar a opinião pública e corroer os pilares básicos da sociedade democrática promovendo a ascensão do ultraconservadorismo.[6] O mais preocupante é que estarmos perdendo a democracia como um valor fundamental para as sociedades. Segundo o Barômetro das Américas, realizado pela Fundação Getúlio Vargas e o Ibope no Brasil, em conjunto com a Universidade Vanderbilt dos Estados Unidos, 60% dos brasileiros acreditam que a democracia é a melhor forma de governo e ao mesmo tempo, 58% estão insatisfeitos com a dinâmica democrática. A contradição não é ruim e expressa o descontentamento com uma democracia que não contempla os aspectos sociais, a participação política efetiva e se restringe na maioria das vezes à formalidade dos processos eleitorais. De qualquer forma, os dados são um sinal desse desconten-

6. David Runciman. *Como a democracia chega ao fim*. São Paulo: Todavia, 2018.

tamento que abre caminho para narrativas que apresentam soluções mágicas e milagrosas.

Entre os aspectos que afetam a imagem da democracia destacamos a desigualdade que não tem apenas na crise econômica um de seus pilares, mas na forma desigual como as riquezas são apropriadas no nosso país, considerado um dos mais desiguais do mundo. Nosso abismo social expresso nos indicadores socioeconômicos nos informa muito sobre essa triste realidade. Destacamos esse ponto como fundamental por considerá-lo um dos aspectos mais complexos para entendermos algumas narrativas que embalam o debate político brasileiro.

Na última década verificamos que milhões de pessoas foram às ruas protestar contra a corrupção, considerada o problema mais grave de nossa história. Certamente, a corrupção é um dos grandes problemas em vários países e um dos elementos que corroem as democracias, devendo ser enfrentado com transparência, medidas de prevenção e de punição, entre outras formas.

Por outro lado, é importante pensar na composição das manifestações contra a corrupção, principalmente entre 2015 e 2016, com a presença majoritária das classes médias urbanas e de setores da elite brasileira. Não menos importante é também observarmos o perfil racial desses protestos, cujas imagens mostram a maioria branca e a quase ausência de negros e pardos que compõem parcelas expressivas da população. Uma das imagens mais elucidativas desse contraste foi a de um casal branco, vestido de verde amarelo, que levava ao protesto seus dois filhos pequenos sob os cuidados de uma babá negra, vestindo uniforme branco, atualizando a lógica da relação entre a *casa grande* e a *senzala*, descrita por Gilberto Freyre.

A pergunta que fica no ar é: por que um país com tanta desigualdade social mobiliza setores médios e as elites para lutar contra a corrupção, mas não faz o mesmo em relação ao abismo social histórico e ao racismo estrutural? Consideramos que a expectativa de ampliação de privilégios é um dos motivos que mobiliza as classes médias brasileiras e norte-americanas que enxergam latinos, negros, entre outras minorias, como adversários.

Desde as eleições presidenciais de 2014, para não retrocedermos muito no tempo, verificamos um ambiente de insatisfação política articulado por um bombardeio midiático em torno das denúncias de corrupção. Esse processo desencadeou no aumento de ressentimentos políticos históricos, habilmente catalisados pela extrema-direita conservadora, que incorporou o discurso antissistêmico para enfrentar "tudo o que está aí".

A desconfiança em relação às instituições também é outro ponto característico e permite se verificar o quanto a população estava abalada por um discurso de profunda crítica aos partidos políticos, ao parlamento e, de certa forma, ao judiciário e à mídia. A extrema-direita soube trabalhar com grande habilidade esse sentimento de revolta, e as experiências de fora do Brasil contribuíram significativamente para a elaboração das estratégias adotadas.

Ainda em 2014, temos dois fatos muito importantes que abriram caminho para o aprofundamento da crise de confiança na política e nas instituições democráticas. Um deles foi a Operação Lava Jato, criada para investigar crimes de corrupção e gestão fraudulenta envolvendo a Petrobras, uma das mais importantes empresas públicas brasileiras e entre as cinco maiores do mundo no ramo petrolífero. Rapidamente a Lava Jato ganhou os noticiários com atividades realizadas em conjunto com a Polícia Federal ganhando a atenção da população.

O processo de espetacularização das investigações de combate à corrupção[7] renderam páginas e mais páginas de jornais e revistas, horas de transmissões televisivas e radiofônicas, ocupando também as redes sociais digitais e a *blogosfera*. As investigações eram coordenadas pelo então juiz Sergio Moro que não saia dos holofotes, passando a ser tratado como herói que livraria o Brasil da imoralidade dos desvios de recursos públicos. Havia uma espécie de catarse nacional e um endeusamento de juízes e promotores que se apresentaram como os verdadeiros salvadores da pátria, os patriotas que tirariam o país das mãos dos corruptos.

Vale ressaltar que naquele momento o Partido dos Trabalhadores (PT) ocupava a Presidência da República por doze anos e era frequentemente atacado por setores da elite, contrários às políticas sociais elaboradas pelos governos petistas e é essencial reconhecer o papel dos grandes meios de comunicação, empresas que incorporaram, além da narrativa contra a corrupção, a associação das investigações às lideranças políticas do partido e a estabilização desse como o maior escândalo de corrupção do país.

Diversos estudos no campo da comunicação política demonstram a construção e disseminação dessa narrativa como forma de criar um ambiente de criminalização do PT e semear

---

7. Tathiana S. Chicarino *et. al.* Como dois estudantes de 22 anos puseram de pé o Sleeping Giants Brasil. *Aurora: revista de arte, mídia e política*, São Paulo, v. 14, n. 40, p. 6–27, fevereiro–maio de 2021.

o *antipetismo*. Com ares de espetacularização, era possível observar lideranças políticas do partido, como o ex-presidente Lula, inegavelmente o alvo central das operações, ser nomeado "chefe de quadrilha".

Com o crescimento do discurso anticorrupção, observamos a construção de uma narrativa para incriminar a ex-presidenta Dilma Rousseff. Verificamos entre 2015 e 2016 manifestações massivas, amplamente convocadas e divulgadas pelas grandes empresas de comunicação criando uma ambientação totalmente desfavorável não somente ao partido, mas a outros partidos políticos progressistas e aos movimentos sociais populares e de esquerda. O espírito patriótico ganhou força nas ruas e começamos a ver as forças de centro-direita que compunham o governo de Rousseff abandonando o governo, como costumam fazer quando o vento começa a mudar os rumos no país.

Chamou a atenção um dos discursos mais radicalizados na votação do Congresso Nacional que aprovou o impeachment: a do então deputado federal Jair Bolsonaro. Evocou a memória do coronel Carlos Alberto Brilhante Ustra, dizendo "o pavor de Dilma Rousseff". Ustra foi torturador da ex-presidenta, presa entre 1970 e 1972. Após o afastamento de Rousseff e a ascensão de Michel Temer (MDB), a agenda política do país ganhava outras diretrizes, as reformas neoliberais passaram a ser defendidas e articuladas pelo governo com apoio das elites econômicas e midiáticas. A reforma trabalhista ganhou narrativa de criadora de novos empregos e a oposição não conseguia desmontar esse discurso defendido até mesmo por setores das classes populares que acreditavam que as mudanças ampliariam a empregabilidade.

Mas ainda faltava uma peça fundamental para considerar o PT fora do jogo e sem possibilidade de retorno ao governo federal: Lula deveria estar fora das eleições de 2018, e mais uma vez o juiz Sergio Moro entra em ação e consegue mandar Lula para a prisão, num processo judicial questionado e chamado de *law fare*.

Lula iniciou uma luta judicial para ser candidato, tendo sido impedido pela justiça com base na Lei da Ficha Limpa, às vésperas do processo eleitoral. A decisão do Tribunal Superior Eleitoral (TSE) foi questionada por juristas em âmbito internacional, mas não houve reversão da decisão. Lula foi substituído por Fernando Haddad (PT) em um cenário político dramático e a candidatura petista enfrentou a desinformação durante toda a campanha.

Nesse contexto eleitoral conturbado, o então candidato, Jair Bolsonaro, sofreu um atentado em atividade pública de campanha, levando uma facada de um dos participantes do evento. Foi hospitalizado e passou por cirurgia. O episódio causou grande polêmica e mudou os rumos da campanha, tendo sido determinante no resultado. A campanha foi ágil em tentar associar o autor do atentado, Adélio Bispo de Oliveira, ao Partido dos Trabalhadores, disseminando amplamente nas redes bolsonaristas que ele era filiado ao partido e mostrando uma foto manipulada em que aparecia junto com o ex-presidente Lula. A informação foi desmentida pelo PT e o TSE afirmou que na lista de filiados do partido não constava esse nome.

Bolsonaro ficou fora dos debates, não apresentou um plano de governo, além de ter gerado comoção nacional por ter sofrido violência grave e quase perder a vida. Foi nesse cenário conturbado que os brasileiros foram às urnas em uma das eleições mais atípicas após a redemocratização.

A eleição de 2018 deve ser considerada paradigmática também do ponto de vista da comunicação política, principalmente pela circulação de boatos e notícias falsas nas plataformas digitais. O uso de mentiras faz parte da atividade política ao longo da história, conforme abordamos anteriormente a partir da reflexão de Hannah Arendt. No entanto, o fenômeno da desinformação observado durante esse pleito contou com o extraordinário volume de mensagens políticas antidemocráticas e discursos de ódio que exploravam medos e crenças existentes na população, estratégia frequentemente utilizada pelos ultraconservadores.

Uma das mentiras amplamente difundidas para atingir a candidatura de Fernando Haddad foi o chamado "kit gay", apresentada pelos opositores aos etistas como uma espécie de cartilha para induzir crianças e adolescentes a praticar a homossexualidade. Essa foi uma das mentiras mais compartilhadas principalmente nos grupos de WhatsApp, conforme podemos ver:

Haddad: o candidato do kit gay. *As crianças de 8 anos terão aula de homossexualidade nas escolas*: esse é o alerta da imagem que circulou em grupos de WhatsApp, no dia 26 de outubro de 2018, durante a corrida eleitoral presidencial brasileira, em que o então candidato à Presidência Jair Bolsonaro aponta para uma suposta manchete de jornal. A foto do então candidato Fernando Haddad se destacava no alto à esquerda da manchete, fazendo um sinal de positivo. Tratava-se claramente de uma montagem, com uma informação inverídica, que foi uma das mais disseminadas no ecossistema do WhatsApp no período, e um dos temas mais recorrentes na campanha bolsonarista.[8]

"Kit gay" foi o termo cunhado pela bancada evangélica no Congresso Nacional para se referir ao projeto Escola sem Homofobia que fazia parte do Programa Brasil sem Homofobia, criado em 2004. A proposta era desenvolver a formação de educadores para combater preconceito contra a população homossexual e não previa a elaboração e distribuição de nenhum tipo de material aos estudantes. Esse exemplo demonstra claramente como funciona a criação da desinformação. O ponto de partida é correto, o debate existiu, mas não com as características apresentadas e nem com os produtos compartilhados pelas redes sociais. A informação foi distorcida para originar um tipo de impacto no público conservador que sempre apresenta resistências para discutir temas como a homofobia.

O projeto nunca foi colocado em prática, causou inúmeras polêmicas e ficou claro que a preocupação era associar à imagem de Haddad a exploração sexual de jovens e crianças ou à pedofilia. Esse tipo de narrativa faz parte da estratégia da extrema-direita em âmbito global, Trump utilizou o mesmo tipo de argumento contra Hillary Clinton em 2016, em um escândalo conhecido como *pizzagate*.

Segundo a agência Aos Fatos, que realizou o trabalho de checagem de informações durante as eleições de 2018, as notícias falsas foram compartilhadas 3,84 milhões de vezes no período eleitoral, e destaca-se que entre as informações falsas que mais obtiveram atenção nas redes está a do "kit

8. Silvana L. Almeida *et al.* WhatsApp: a desordem da informação na eleição presidencial brasileira de 2018, *Anais VII Simpósio Internacional Lavits*, Salvador, junho de 2019, p. 2.

gay", demonstrando o quanto essa narrativa foi utilizada por bolsonaristas para atacar a imagem da candidatura petista.[9]

A coligação O Povo Feliz de Novo da candidatura de Fernando Haddad entrou com uma representação junto ao TSE para retirar a postagem do ar, considerando que se tratava de desinformação. O TSE proferiu a seguinte decisão judicial:

No dia 25 de setembro de 2018, às 23 horas e 16 minutos, a página representada utilizou-se de seu sítio eletrônico para ofender o candidato Fernando Haddad, bem como a coligação O Povo Feliz de Novo, a qual informa que o candidato estaria distribuindo mamadeiras em creches, com o bico no formato de um órgão genital masculino, no que o narrador sugere que seria "com a desculpa de combater a homofobia, parte integrante do *kit gay*, uma invenção de Haddad", *fake news*. Segue a degravação do trecho impugnado: "Ó aqui, vocês que vota no PT, essa aqui é a mamadeira distribuída na creche. Ó a marca aqui. Tá vendo? Distribuída na creche pro seu filho. Com a desculpa de combater a homofobia. Olha o bico como é. Tá vendo? O PT e Haddad pregam isso pro seu filho. Seu filho de 5, 6 anos de idade, vai beber mamadeira na creche com isso aqui. Pra combater a homofobia. Tem que votar em Bolsonaro, rapaz. Bolsonaro que é pra fazer o filho da gente homem e mulher. O PT e Haddad, Lula, Dilma, só quer isso aqui pros nossos filhos. Isso faz parte do kit gay, invenção de Haddad, viu?".[10]

A decisão do TSE não era respeitada e os grupos continuavam disseminando a mentira. Nunca é demais lembrar a velha expressão de Goebels, ministro das Comunicações de Hitler, quando afirmava que uma mentira dita mil vezes se

9. Barbara Libório e Ana R. Cunha. Notícias falsas foram compartilhadas ao menos 3,84 milhões de vezes durante as eleições. *Aos Fatos*, 31 de outubro de 2018.
10. Tribunal Superior Eleitoral. *Processo: 0601530-54.2018.6.00.0000*. Representação, 2018.

transforma em verdade. Muitas pessoas diziam ter visto o "kit gay", afirmando ter recebido o material de uma amiga, vizinha ou familiar, reafirmando que nunca foi elaborado.

O apelo aos valores conservadores, presentes na sociedade brasileira, não pararam e foram ainda mais enfatizados. Considerando que o suposto "kit gay" era uma aberração sem precedentes nas campanhas eleitorais, apoiadores bolsonaristas divulgaram um vídeo mostrando mamadeiras com bico em formato de pênis que, supostamente, eram distribuídas nas creches municipais quando Fernando Haddad era prefeito de São Paulo, entre 2012 e 2016. No momento em que o vídeo foi publicado, a campanha do PT estava em plena fase de transição da candidatura e não soube responder com a mesma força esse nível de ataque.

Foi nesse contexto que verificamos a intensificação das estratégias de comunicação do comando da campanha bolsonarista para a propagação das mensagens falsas pelas redes digitais com o objetivo de atrair novos adeptos para a agenda política ultraconservadora. Cabe lembrar que a candidatura de Bolsonaro tinha apenas oito segundos de televisão no horário gratuito de propaganda eleitoral, portanto o uso da Internet era fundamental.

O exíguo tempo do partido no HGPE foi compensado pela farta exposição midiática em telejornais, emissoras de rádio e mídia impressa, que realizou farta cobertura a respeito da recuperação da saúde de Bolsonaro, após o atentado. Na cobertura da imprensa, sua presença era infinitamente superior à de qualquer outro candidato. Sem contar efetivamente com a dramaticidade da situação de ter um candidato à Presidência que havia sofrido um atentado em pleno processo eleitoral. Além da diversidade de teorias da conspiração sobre o assunto produzida por apoiadores bolsonaristas, as redes digitais foram entupidas com mensagens falsas.

A desinformação nas redes sociais foi fundamental para favorecer a candidatura da extrema-direita nesse cenário de profundas mudanças. Lula fora da corrida presidencial, substituído por Fernando Haddad, Bolsonaro fora dos debates, alegando estar se recuperando do atentado, mesmo que tenha participado de atividades de campanha após sua saída do hospital. É preciso reconhecer que Bolsonaro explorava essas redes pelo menos desde 2011, portanto, era presença expressiva nessas plataformas bem antes de 2018, o que facilitou a capilarização dessas atividades durante a campanha.

Uma pesquisa publicada pelo Jornal Folha de S. Paulo em outubro de 2018 sobre eleições mostrou os hábitos da dieta informacional dos brasileiros naquele momento. Revelou que dois em cada três eleitores brasileiros tinham contas em redes sociais, o equivalente a 66% do eleitorado. Entre os eleitores jovens, esse índice atingiu 90%, seguido por 55% na faixa de 45 a 59 anos e 32% dos que estão acima de 60 anos.[11]

Considerando o caráter emblemático dessa campanha do ponto de vista da Comunicação Política, podemos concluir que foram as eleições em que o eleitorado demonstrou um índice expressivo de confiança nas informações recebidas por meio das plataformas digitais. Segundo a mesma pesquisa, aproximadamente 86% dos eleitores acreditavam nas notícias compartilhadas pelo WhatsApp, índice bastante elevado para o período.

Identificamos especificamente que existem elementos fortes sobre o uso de instrumentos de automação para potencializar a distribuição de informações entre diferentes grupos de WhatsApp. Também

11. Datafolha. *Relatório Uso das redes sociais*. Instituto Datafolha: Eleições 2018.

identificamos que existe uma ação coordenada entre diferentes membros na atuação de redes de grupos de discussão via WhatsApp.[12]

A campanha vitoriosa de Bolsonaro utilizou vários recursos das plataformas digitais tanto para se comunicar com o eleitorado e potenciais apoiadores, como para ampliar a sensação de engajamento na campanha. Facebook, Twitter e WhatsApp foram as mais utilizadas pelo candidato que disseminou conteúdos e mobilizou seus apoiadores. Vale lembrar que esse amplo uso das plataformas foi mantido pelo presidente durante o mandato, estratégia combinada às críticas aos grandes meios de comunicação para deslegitimá-los, além de diversas agressões verbais a jornalistas.

A DESINFORMAÇÃO COMO PRÁTICA DO GOVERNO

A vitória de Bolsonaro começava a deixar mais claro que esse método de comunicação permanente e sem intermediação com seus apoiadores não ficaria apenas nos discursos de campanha, mas se constituiria em um dos pilares que dariam sustentação às ações presidenciais. A partir da posse em janeiro de 2019, o país passaria a ser governado com base na teoria da conspiração, no discurso de ódio e na intolerância. Esse era apenas o começo do processo de institucionalização da desinformação governamental.

Para o êxito desse projeto de poder era necessário o empenho contínuo na observação dos comportamentos dos apoia-

---

12. Caio Machado e Marco Konopacki. *Poder computacional: automação no uso do whatsapp nas eleições — estudo sobre o uso de ferramentas de automação para o impulsionamento digital de campanhas políticas nas eleições brasileiras de 2018*. Rio de Janeiro: Instituto de Tecnologia e Sociedade do Rio de Janeiro, 2019, p. 21.

dores, coletando suas opiniões para enquadrar nas decisões e declarações governamentais. Significa dizer que "todo dia é dia de eleição na campanha permanente".[13]

Antes mesmo de tomar posse, Bolsonaro cogitou nomear para a SECOM o próprio filho, Carlos Bolsonaro, apontado como o estrategista da campanha nas redes sociais desde sempre. Mesmo sem ocupar um cargo na estrutura do Palácio do Planalto, o número II, como o presidente gosta de chamar os filhos, sempre desempenhou um papel fundamental na comunicação do governo e principalmente do presidente.

Carlos Bolsonaro chegou a ocupar uma sala ao lado do gabinete do pai, o que facilitava a coordenação da ofensiva comunicativa do governo. O vereador pelo estado do Rio de Janeiro não se preocupava com esse *desvio* de função. Não mostrava nenhum constrangimento em não cumprir com as obrigações de seu mandato e continuava articulando tranquilamente a campanha governamental de produção e disseminação em massa de desinformação para a manutenção do apoio ao seu pai. O número II é considerado membro da chamada ala olavista do bolsonarismo, composta pelos seguidores de Olavo de Carvalho, considerado o guru ultraconservador da família. Vale lembrar que Carlos Bolsonaro foi o filho que desfilou na posse no carro do pai, afirmando que estava ali para proteger o presidente de um possível atentado, mostrando sua aproximação com as teorias conspiratórias.

Em diversas situações essa ação coordenada pode ser verificada e nos momentos em que o governo passou por questionamentos em relação a algum tipo de deliberação ou ato

---

13. H. Heclo. Campaigning and governing: a conspectus. *In*: ORNSTEIN, N. J. e MANN, T. E. *The Permanent Campaign and Its Future*. Washington: American Enterprise Institute and The Brookings Institution, 2000.

governamental, intensificava-se e se extremava ainda mais a campanha desinformativa. Não havia nenhum tipo de recuo estratégico, e mesmo quando parecia que o governo abandonaria alguma postura ou decisão, se radicalizava a ação discursiva com base em informações falsas e distorcidas.

O discurso antissistêmico tem sido um carro-chefe da desinformação governamental. Não é novidade, desde a campanha eleitoral e até mesmo antes dela, que Bolsonaro falava contra as instituições, mesmo com sucessivos mandatos parlamentares. Foi eleito vereador em 1988 e teve assento na Câmara dos Deputados entre 1991 e 2018. Sempre fez crítica às instituições como se nunca tivesse participado delas, e além de sua participação direita, sempre estimulou seus filhos a seguirem o mesmo caminho e buscarem mandatos parlamentares.

O filho número I, Flávio Bolsonaro, é senador eleito em 2018, mas era deputado estadual na Assembleia Legislativa do Rio de Janeiro. Eduardo Bolsonaro, o número III, é também eleito deputado federal em 2018, após cumprir mandato de deputado estadual pela Assembleia Legislativa de São Paulo. O número IV, filho do segundo casamento, ainda não tem nenhum mandato, mas tem demonstrado grande identificação com a forma de atuar do pai e dos irmãos, principalmente no tráfico de influência para benefícios próprios, de familiares e amigos. Os *Bolsonaros* também possuem relações íntimas com as milícias no Rio de Janeiro e há fortes indícios de envolvimento no assassinato da ex-vereadora Marielle Franco (PSOL) e o motorista Anderson Gomes pelas ligações com os denunciados Ronnie Lessa, policial militar reformado, que antes de ser preso morava em uma casa no mesmo condomínio do presidente, aparece em várias imagens ao lado do mandatário Elcio Vieira de Queiroz.

Outro indício da lógica antissistêmica na retórica de Bolsonaro está na crítica constante aos partidos políticos que ocupam um papel importante na sociedade democrática, mesmo que cada vez mais enfraquecidos. Bolsonaro se mostra despreocupado com os vícios da dinâmica partidária e mais interessado em criar um ambiente em que se acentue a deslegitimação das instituições que fazem parte do jogo democrático. Independente da necessidade de uma reforma política que privilegie a existência de partidos que não sejam legendas esvaziadas, mas que cumpram seu papel como instância de participação dos cidadãos por se tratar de um agrupamento que congrega opiniões de setores da sociedade.

A família Bolsonaro tentou, mas não conseguiu criar um partido, conforme vemos na fracassada tentativa de registrar a Aliança pelo Brasil, partido que poderia ser o primeiro da extrema-direita do país após a redemocratização de 1985. Não é novidade que essa família trata as agremiações partidárias como meras legendas de aluguel, mudando com certa constância, sem nenhum compromisso político. As letras da legenda eram compostas por letras escritas com balas de armas de fogo, símbolo de um dos pilares do bolsonarismo que defende o armamento da população. Haja vista os decretos presidenciais que flexibilizam a compra e o uso de armas para qualquer cidadão e as constantes aparições ostentando armas potentes.

A família Bolsonaro tem relação direta com o gabinete do ódio, grupo de assessores que trabalha com as redes sociais no Palácio do Planalto, fazendo gestão de diversas páginas que disseminam desinformação, boatos e mentiras para atacar os adversários políticos do presidente, uma entre outras atividades não institucionais que usam a estrutura pública para coordenar ações que têm como foco desestabilizar a democracia.

A postura agressiva em relação às instituições e à ordem democrática era meticulosamente calculada e, mesmo no momento em que a sociedade se mostra mais fragilizada em função da realidade imposta pela pandemia do COVID-19, Bolsonaro participou de atos públicos com a pauta antidemocrática em 2020. Foram manifestações organizadas em várias cidades do país que reivindicavam o fechamento do Congresso Nacional e do STF, defendia a intervenção militar e a reedição do Ato Institucional n. 5 (AI-5), decreto emitido pela Ditadura Militar em 1968, responsável pelo período mais sombrio do regime com medidas de endurecimento do combate aos seus opositores. Era a política do medo, do cerceamento à liberdade de expressão.

Bolsonaro, além de participar das manifestações em frente ao Palácio do Planalto, discursou e defendeu a legitimidade das reivindicações dos manifestantes. O STF abriu inquérito para investigar a organização desses atos e o processo revelou algumas pistas importantes para mostrar a atuação de um assessor especial da Presidência, apontado como integrante do gabinete do ódio. As investigações revelaram que o acesso a um perfil do presidente no Instagram havia sido feito de equipamentos conectados à Internet do Palácio do Planalto, o que comprova o uso da máquina pública para promover a desinformação.

REVIRAVOLTAS NO CENÁRIO POLÍTICO DE 2021

O ano 2021 iniciou com a promessa de ser quente na política brasileira após a cena dos primeiros vacinados no mundo e a da pressão de prefeitos e governadores para a comercialização de doses de imunizantes. A vacina não era mais ficção, tornava-se fato para a população que manifestava querer o imunizante. Mas a necropolítica do governo Bolsonaro seguia com a prática negacionista, promovendo aglomeração com seu populismo de direita, não usando máscaras e vendendo recomendação ao uso da cloroquina, que já se sabia ser ineficaz para tratar a COVID-19. Com muitos sinais trocados, aos poucos ficava explícita a política para deixar a população morrer, como se não tivesse nenhuma responsabilidade frente aos fatos.

O país vivia o colapso na saúde com crises em várias regiões do país por falta de insumos básicos para os cuidados dos infectados impedindo o atendimento mínimo das unidades hospitalares. Tudo isso somado às elevadas taxas de desemprego, os altos custos da cesta básica e piora da situação econômica do país, enquanto o presidente gozava de férias que custaram aproximadamente 2,4 milhões de reais aos cofres públicos. A falta de empatia com a situação era reiterada e, sempre que questionado sobre as medidas a serem adotadas para minimizar o sofrimento da população, respondia que não era seu problema, que nada tinha a fazer. Na verdade, tinha muito o que poderia ser feito e mais que a falta de vontade política para tomar as decisões e implantar as medidas que cabiam ao seu cargo, como a compra de vacinas, mas preferia seguir com sua retórica de responsabilizar adversários pela situação e fazer propaganda de medicamento ineficaz para os cuidados da COVID-19.

Para aumentar o cenário de adversidade para Bolsnoraro, Lula recuperou os direitos políticos e se tornou elegível, após surpreendente decisão do STF. O ex-presidente tentava provar sua inocência desde 2017 com os mesmos argumentos de parcialidade do então juiz Sergio Moro, além de ter tido sua reputação e imagem política atacada tanto pela condenação constantemente realizada pelos meios de comunicação, um julgamento midiático sem direito ao contraditório, princípio básico do jornalismo.

A reviravolta da condenação de Lula teve início em 2021, após as denúncias reveladas pela agência de notícias Intercept Brasil que mostrou através da troca de mensagens telefônicas entre Moro e o procurador Deltan Dallagnol e a articulação para incriminar o ex-presidente e impedi-lo de ser candidato nas eleições presidenciais de 2018. E é sempre bom frisar que foi um dos primeiros a ser convidado pelo presidente para o Ministério da Justiça, convite rapidamente aceito.

Atuando como uma espécie de tribunal midiático, a grande mídia atuava de forma hegemônica, uma espécie de consenso fabricado, conforme reflexão de Noam Chomsky, para tornar Lula o inimigo público número um do povo brasileiro, por vezes fazendo coro com a retórica bolsonarista que produzia diariamente desinformação, discurso de ódio às minorias e ódio de classe. Um ambiente tóxico como jamais visto na política nacional. As notícias falsas atuavam como alimento às narrativas mais reacionárias e autoritárias.

O envolvimento de integrantes do governo, de seus filhos, sua mulher, amigos e aliados históricos ao longo de dois anos e meio de mandato foi fechando o cerco para Bolsonaro, e não paravam de aparecer fatos que traziam à tona seu projeto político. A criação de uma Comissão Parlamentar de Inquérito para investigar as ações e omissões do governo federal no enfrentamento da pandemia da COVID-19 e o colapso dos serviços públicos de saúde revelava que para além do negacionismo que tentou minimizar a pandemia, atuar contra as medidas indicadas pelas autoridades internacionais sanitárias, colocar em dúvida a eficácia e os efeitos dos imunizantes, o governo não negociou a compra de vacinas com alguns laboratórios, alegando não concordar com as regras estabelecidas, mas fazia tratativas privilegiando outras empresas que vendiam a vacina com preço mais elevado e sem que houvesse as devidas autorizações por parte das autoridades competentes.

Mas não era só o negacionismo que fazia com que Bolsonaro inventasse e espalhasse informações falsas sobre as vacinas, conforme investigações em curso na CPI da COVID-19. Começava a aparecer fortes indícios de um esquema de corrupção dentro do Ministério da Saúde, envolvendo aliados muito próximos do presidente que negociavam as vacinas a preços superfaturados. Portanto, ao mesmo tempo que "vendia dificuldades" para negociar com alguns laboratórios usando a retórica que não compraria a vacina a qualquer preço e não aceitaria as exigências impostas por algumas empresas, combinava com outros laboratórios a aquisição por valor ainda maior. Enquanto essa negociata ocorria, o Brasil aparecia no ranking internacional entre os países que mais registravam mortes pela doença.

Fake news e a ordem do discurso desinformativo

Certa vez, Umberto Eco, escritor e crítico literário italiano, afirmou em uma entrevista: todo fundamentalismo quase sempre se baseia em afirmações falsas.[1] Com esse alerta, Eco nos provoca a pensar sobre os propósitos da produção e do compartilhamento da desinformação e quais são os interessados nesse tipo de dinâmica (des)informativa.

As notícias falsas não são invenções recentes. Existem há muito tempo e produzem desdobramentos que podem ser desde os mais inofensivos até mesmo os mais fatais. O termo *fake news* passou a ser utilizado de forma quase banal, desqualificada e descontextualizada.

Nesse capítulo abordaremos algumas definições sobre a desinformação na contemporaneidade, buscando analisar suas principais características, seus diversos formatos e o papel das mídias digitais na sua disseminação. Reconhecemos que as diferentes caracterizações sobre o fenômeno não são consensuais, embora existam pontos de convergência e de complementariedade entre elas. Sendo assim, não pretendemos esgotar o debate.

---

1. Ilze Scamparini. Todo fundamentalismo quase sempre se baseia em afirmações falsas. *Consultório Jurídico*, 17 de julho de 2015.

Enfatizaremos a abordagem dos efeitos políticos da desinformação por considerarmos que ele impacta nas diversas dimensões da vida. Isso significa dizer que ao falarmos de questões relativas à saúde, por exemplo da desinformação na pandemia da COVID-19, verificamos claramente um conjunto de estratégias e atores políticos disputando narrativas em torno desse fenômeno e não apenas pela necessidade de se debater políticas públicas para enfrentá-lo. Interesses diretos fizeram com que certos discursos negacionistas ganhassem visibilidade em detrimento de outros e exercessem influência importante no entendimento das populações sobre os impactos do coronavírus.

Posetti e Matthews[2] elaboram um levantamento sobre casos de informações falsas e desinformação, demonstrando que o fenômeno não é recente, mas atravessa diferentes períodos históricos. Embora saibamos que o fenômeno sempre existiu, ainda assim é relevante distinguir suas características ao longo da história, como, por exemplo, as diferentes formas de produção, disseminação e os efeitos das notícias falsas. Consideramos que o alcance e os possíveis impactos podem chegar a ser extremamente danosos quando parcela significativa da sociedade está formando suas interpretações dos acontecimentos com base em falsificações.

Allcott e Gentzkow definem as *fake news* como "artigos noticiosos que são intencionalmente falsos e aptos a serem verificados como tal, e que podem enganar os leitores",[3] portanto a falsificação é deliberada. A iniciativa de difundir uma notícia falsa pode partir de adversários que pretendem des-

2. Una breve guía de la historia de las 'noticias falsas' y la desinformación. *ICFJ*, julho de 2018.
3. Social media and fake news in the 2016 election. *Journal of Economic Perspectives*, v. 31, n. 2, p. 214, 2017.

truir a reputação de um concorrente para se apresentar como mais vantajoso, fenômeno que pode acontecer na política, em relações comerciais e até mesmo em círculos sociais nos quais se pretenda conseguir alguma vantagem.

Wardle e Derakhshan[4] também descartaram o uso de *fake news* por considerarem que a apropriação feita pelos políticos causa confusão deliberada, muitas vezes para esconderem a própria rede de informações e de notícias falsas. Para dar conta da complexidade informacional, as autoras elaboraram a seguinte tipologia:

▷ *Dis-information*: informações falsas criadas deliberadamente para prejudicar uma pessoa ou instituições;
▷ *Mis-information*: informações falsas, mas que não foram criadas com a intenção de danificar a imagem de pessoas ou de instituições;
▷ *Mal-information*: são as informações corretas, mas usadas fora de contexto para causar algum tipo de dano.

O Conselho Europeu, órgão da União Europeia para definir orientações e prioridades políticas, desempenha um papel fundamental nesse debate e adotou a seguinte definição para o fenômeno das notícias falsas: *mis-information* ou informações enganosas são aquelas compartilhadas sem a intenção de causar algum tipo de dano a alguém; desinformação ou *disinformation* é quando se sabe que a informação é falsa e o compartilhamento ocorre com algum objetivo nos possíveis efeitos; e, por fim, a má-informação ou *mal-information*

---

4. *Information Disorder: Toward an interdisciplinary framework for research and policy making*. Estrasburgo: Council of Europe, 2017.

que são informações geradas em âmbito privado, mas com caráter verdadeiro e quando compartilhadas publicamente podem causar dano individual ou coletivo.

A Comissão Europeia criou o Grupo de Alto Nível sobre Notícias Falsas e Desinformação Online.[5] O grupo é seguido por outras instituições em âmbito internacional, entre elas no Brasil, o Comitê Gestor da Internet,[6] que vem desempenhando um papel importante nas discussões da regulação da desinformação. O Grupo de Alto Nível parte do princípio de que todas as formas de informação falsa, imprecisa ou enganosa apresentam alguma intencionalidade. Preocupados também com as constantes ameaças à liberdade de expressão, os autores do referido relatório afirmaram a necessidade de garantirmos no debate a proposição de medidas capazes de proteger a diversidade e a sustentabilidade do ecossistema midiático, de ampliar e promover iniciativas de educação midiática, além de garantir o incentivo à pesquisa continuada sobre os impactos da desinformação.

Os itens acima destacados dizem respeito à preocupação com possíveis excessos nas propostas regulatórias para enfrentar a desinformação, preocupação presente no cenário brasileiro quando diversos projetos de lei foram apresentados sobre o tema. Nesse sentido, é afirmada a necessidade de colaboração multissetorial para minimizar o intervencionismo regulatório de governos, com base em princípios definidos de forma transparente. Portanto, as definições de tais medi-

5. Em inglês, *High Level Group on Fake News and Online Disinformation*.
6. O Comitê Gestor da Internet foi criado pelo decreto número 4829 de 3 de julho de 2003, com a atribuição de estabelecer as diretrizes relacionadas ao uso do desenvolvimento da Internet no Brasil com as diretrizes para a execução do registro de Nomes de Domínio, alocação de Endereço de IP (Internet Protocol) e a administração pertinente ao Domínio de Primeiro Nível *br*.

das não devem ficar circunscritas no âmbito do parlamento e de outras estruturas do Estado, mas devem envolver os mais diversos setores da sociedade civil de forma transparente e participativa.

PLATAFORMAS DIGITAIS E A CIRCULAÇÃO DA DESINFORMAÇÃO

As plataformas desempenham um papel significativo na contemporaneidade considerando que através delas circulam os fluxos informacionais com os mais variados conteúdos e formatos. A expansão de seus modelos de negócios deve ser contextualizada a partir da dinâmica do capitalismo neoliberal, cujo estabelecimento da lógica de mercado influencia as ações algorítmicas. À medida que os conteúdos são analisados por sua capacidade de propagação, tendem a predominar aqueles que conseguem atingir grande repercussão, ou grande visibilidade nas redes digitais.

A relação entre as plataformas e a disseminação de desinformação também é destacada no relatório Digital News Report, do Reuters Institute. Em 2019, a equipe de pesquisadores realizou um estudo que apresentou informações importantes para a compreensão dos impactos do fenômeno da desinformação, particularmente no Brasil. Os dados apontaram que a comunicação social de notícias está cada vez mais no âmbito privado e foi confirmado o crescimento dos aplicativos de mensagens. Nesse sentido, o estudo demonstrou o crescimento explosivo do WhatsApp na América Latina, particularmente no Brasil. Aproximadamente 53% da amostra de usuários brasileiros usavam essa plataforma para se informar em comparação aos 9% no Reino Unido, 6% na Austrália e 4% nos EUA.

Entre as principais preocupações apontadas pelo relatório está a capacidade de se distinguir uma notícia com base factual e a desinformação e, mais uma vez, o Brasil liderou o ranking dos países em que esse discernimento esteve quase ausente. Certamente, a dificuldade em diferenciar informações com bases factuais ou não é bastante preocupante quando pensamos que essa realidade deixa os indivíduos vulneráveis aos conteúdos com a intencionalidade de distorcer a realidade.

A pesquisa revelou o crescimento dos aplicativos de mensagens privadas como, por exemplo, o WhatsApp, que passou a rivalizar inclusive com o Facebook no compartilhamento de notícias, embora ambas sejam de propriedade de Mark Zuckerberg. Uma das diferenças do ponto de vista da circulação de desinformação é que o Facebook é uma mídia pública e o WhatsApp, fechada. Isso significa que é difícil mensurar o número de grupos fechados existentes. O aplicativo foi apontado como um dos maiores propagadores de desinformação e alguns pesquisadores desenvolveram metodologias para analisar o fenômeno, embora haja dificuldade para se pesquisar esses dados.

As formas de disseminação das notícias foram modificadas com a presença cada vez maior das tecnologias informacionais. O uso de robôs, algoritmos, inteligência artificial incidem diretamente nessa realidade:

As notícias falsas podem ser consideradas não apenas em termos da forma ou conteúdo da mensagem, mas também em termos de infraestruturas mediadoras, plataformas e culturas participativas que facilitam a sua circulação. Nesse sentido, o significado das notícias falsas não pode ser totalmente compreendido fora da sua circulação *online*.[7]

Tecnicamente, um algoritmo é uma sequência de regras ou instruções voltadas para a execução automatizada de uma tarefa. As operações algorítmicas nas plataformas digitais exercem funções complexas, utilizadas para as mais variadas finalidades, de forma pouco transparente e cada vez mais autônoma. A partir da correlação de variados tipos e fontes de dados, os algoritmos operam diferentes formas de classificação, segmentação, visualização, processamento de informação, recomendação, reconhecimento de padrões individuais e relacionais, sendo responsáveis tanto por extrair o valor dos dados quanto por toda a oferta de um mundo visível, personalizado de ações e interações para os usuários. Nesse sentido, os modelos de previsibilidade e os sistemas de recomendações dos algoritmos exercem um papel central na lógica da indústria da influência, uma vez que são eles que operacionalizam a promessa de previsão dos comportamentos futuros e direcionam formas de intervenção em tempo real sobre tais condutas.

Ao contextualizarmos o debate sobre a desinformação na chamada era informacional, nos preocupamos em pensar principalmente nos impactos no campo político. Morozov nos chama a atenção para um aspecto perturbador quando diz que "a democracia está se afundando em *fake news*" e ainda indaga "será que a crise das *fake news* é a causa do colapso da democracia? Ou seria ela só a consequência de um mal-estar mais profundo, estrutural, que está em desenvolvimento

---

7. Liliana Bounegru *et al. A Field Guide to Fake News: a collection of recipes for those who love to cook with digital methods.* Amsterdã: Public Data Lab, 2017.

há muito tempo?".[8] Dessa forma, na era informacional os algoritmos assumem um papel cada vez mais de destaque e transformam os aspectos mais banais de nossa vida cotidiana em ativos rentáveis, monetizáveis, que o autor chama de capitalismo dadocêntrico.

As plataformas de redes sociais dependem dos dados dos indivíduos para alimentar sua cadeia produtiva para a geração de bilhões de lucro. Todas nossas ações na Internet são armazenadas, processadas e analisadas, e podem ser utilizadas em diversas situações, sem que saibamos que isso está acontecendo. Com essas informações frequentemente disponibilizadas é possível a criação de perfis de comportamentos para compreender os interesses, gostos, ou seja, é possível predizer as atitudes dos indivíduos e aplicar as técnicas de psicometria para a identificação das personalidades.

É por isso que nossos dados são o bem mais valioso da contemporaneidade e devemos nos empenhar ao máximo para a criação de mecanismos para evitá-los, garantindo a privacidade dos indivíduos. Silveira afirma que:

A sociedade informacional, ao expandir as tecnologias de armazenamento, processamento e distribuição de dados, ao gerar uma intensa digitalização de nossos registros cotidianos, tornou o mercado de dados um dos segmentos mais importantes da economia mundial e revigorou as promessas positivistas abaladas pela crise dos paradigmas da ciência. O fluxo intenso de dados e um capitalismo altamente concentrador de riqueza orientaram o desenvolvimento tecnológico na direção da personalização das vendas. A busca de compradores é, antes de mais nada, a procura de dados sobre cada um deles. Esses dados sobre o comportamento, o gosto e os deta-

8. Evgeny Morozov. *Big Tech: a ascensão dos dados e a morte da política*. São Paulo: Ubu, 2018, p. 182-183.

lhes do passado e do presente geram as informações necessárias para a captura desses consumidores e o conhecimento do que os agrada e os encantará no futuro.[9]

Esse mercado de dados tem sido alimentado pelos sistemas de *Big Data* dominados pelo Google, Facebook e Amazon, para falar dos mais expressivos. Em estudo aprofundado sobre o Google, Shoshana Zuboff, da Harvard Business School, mostra como a plataforma foi a pioneira no uso do *Big Data* e, consequentemente, a protagonista na lógica de acumulação, definida como capitalismo de vigilância. Para a autora, o *Big Data* é, ao mesmo tempo, condição para o processo de acumulação quanto sua própria expressão ao implantar uma lógica de acumulação que substitui os contratos, o Estado de direito pela soberania do Big Other que atua justamente na ausência de uma autoridade legítima e acaba exercendo um poder imenso em relação aos cidadãos. Nesse sentido, o Big Other seria uma espécie de atualização do Big Brother, do romance 1984, de George Orwell.

SEMEANDO A DESCONFIANÇA

Guess, Nyhan e Reifler falam de "um novo tipo de desinformação política" marcada por uma "dubiedade factual com finalidade lucrativa". Os autores destacam cinco questões centrais para a desinformação na política. A primeira é que as pessoas consomem notícias que reforçam suas opiniões e seus pontos de vista sobre diferentes aspectos da realidade. Essa dinâmica faz implodir pontes, diálogos, debates com alguma consistência para além de meras opiniões infundadas.

9. Sergio Amadeu da Silveira. *Democracia e os códigos invisíveis: como os algoritmos estão modulando comportamentos e escolhas política*. São Paulo: Edições Sesc, 2019.

Esse aspecto pode ser perigoso dependendo da amplitude de sua expansão. Pode chegar a linchamentos de reputação e até mesmo de eliminação física daquele de quem se discorda, gerando um ambiente hostil e polarizado.

Também vemos que, em muitos casos, as pessoas confiam em opiniões de pessoas ou grupos socialmente influentes, que teriam legitimidade para manifestarem o que pensam. O aspecto emocional no compartilhamento de informações duvidosas ou falsas é muito importante por criarem a sensação nos indivíduos de fazerem parte do processo que está sendo discutido, de demonstrarem que são bem-informados. Trata-se de comportamento frequentemente observado nas redes. Muitas vezes a informação é transmitida para outras pessoas sem que seja lida ou se saiba claramente se há alguma base concreta no que está sendo dito.

Observar a configuração da dieta informacional é muito importante para compreendermos os motivos pelos quais estamos expostos a um conjunto específico de informações que circulam nas redes digitais e não a outros, caracterizando uma forma de direcionamento. Trata-se do filtro bolha definido a partir das ações algorítmicas que personalizam o conteúdo que acessamos, por meio dos dados que disponibilizamos em nossa navegação nas mais diversas plataformas. Para essa atividade se utiliza o chamado viés de confirmação, ou seja, uma tendência cognitiva mostra que as pessoas costumam ter uma propensão a prestar atenção naquilo que confirma suas crenças e, frequentemente, ignorar o que contradiz sua visão de mundo.

Parisier, ao estudar o tema identificou que a bolha de filtros traz três novas dinâmicas, tais como:

Cada pessoa está sozinha em sua bolha. Numa época em que as informações partilhadas são a base para a experiência partilhada, a bolha dos filtros é uma força centrífuga que nos afasta uns dos outros. Segundo, a bolha dos filtros é invisível. Os espectadores de fontes de notícias conservadoras ou progressistas geralmente sabem que estão assistindo a um canal com determinada inclinação política [...] Por fim, nós não optamos por entrar na bolha [...] não fazemos esse tipo de escolha quando usamos filtros personalizados. Eles vêm até nós − e, por serem a base dos lucros dos sites que os utilizam, será cada vez mais difícil evitá-los.[10]

Para o autor, a influência do que vemos na Internet parte das preferências registradas em nossa navegação nas diversas plataformas. Esse tipo de filtragem leva ao desaparecimento de visões de mundo opostas e no contexto político leva ao bloqueio do debate entre concepções diferentes. A ausência de contato com opiniões divergentes faz com que os indivíduos fiquem mais suscetíveis a preconceitos, opiniões extremadas e, principalmente, à desinformação, além de corroer um aspecto fundamental da sociedade democrática que é o debate de ideias.

Assim como a desinformação, a produção de rumores, boatos e fofocas não são fenômenos recentes e estão em várias dimensões da vida social e política. O sociólogo Norbert Elias abordou o papel da fofoca em uma de suas célebres obras, *Outsiders e estabelecidos*, na qual estudou as relações de uma comunidade no interior da Inglaterra. Para o autor, a fofoca sempre tem dois polos, aqueles que a circulam e aqueles que seriam os alvos delas, e se vincula com a estrutura e as relações dos grupos existentes na comunidade em que se circula.

---

10. Eli Parisier. *O filtro invisível: o que a internet está escondendo de você*. Rio de Janeiro: Zahar, 2012, p. 11-12.

No caso da comunidade inglesa é importante destacarmos que a etnografia realizada por Elias estava relacionada a uma série de disputas existentes na comunidade e a circulação de informações era realizada no chamado boca a boca, sem nenhuma forma de mediação.

Se transportarmos a análise para as mídias digitais verificaremos em alguma medida a presença desse tipo de comportamento nos usuários. O uso de *blame gossip*[11] também pode ser verificada no compartilhamento de desinformação nas redes para atingir as reputações, mas também funciona como forma de manter os laços sociais entre os integrantes de uma comunidade.

PROBLEMATIZANDO A PÓS-VERDADE

A noção de pós-verdade também passou a fazer parte dos debates sociais e políticos e chegou a ganhar um verbete no dicionário Oxford que a definiu como um adjetivo relacionado às circunstâncias nas quais os fatos objetivos são menos influentes na formação da opinião pública do que os apelos às emoções ou crenças pessoais. As razões alegadas para a inclusão do termo remetem ao contexto da eleição presidencial nos Estados Unidos, bem como ao referendo do Brexit que aprovou a saída do Reino Unido da União Europeia. Nesse sentido, alguns pesquisadores começaram a se questionar se seria, então, o campo político responsável pela disseminação da ideia de que estamos na era da pós-verdade.[12]

---

11. A expressão diz respeito à fofoca depreciativa, e *praise gossip*, à elogiosa.
12. Arthur Bezerra, Rafael Capurro e Marco Schneider. Regimes de verdade e poder: dos tempos modernos à era digital. *Liincem Revista*, Rio de Janeiro, v. 13, n. 2, p. 371–380, novembro de 2017.

A perspectiva de Michel Foucault talvez seja uma mais potente para problematizar a expressão pós-verdade. O autor não se propõe a definir o que é verdade, mas traz à tona a importância do regime de verdades de cada sociedade. A partir disso fica claro que em cada dinâmica social, em cada momento histórico, se acolhe um tipo de discurso como verdadeiro. Significa dizer que o discurso adotado como verídico não está isento de interesses políticos, econômicos ou científicos. Para o autor, o discurso é o próprio campo de disputa, de enfrentamentos sociais, embates políticos, onde os pontos de vista estão em discussão.

O debate em torno da pós-verdade vem ganhando espaço importante em circuitos do noticiário e entre intelectuais de diferentes perspectivas analíticas. Frequentemente nesses debates verificamos uma associação entre os filósofos Nietzsche, Foucault e Derrida como os precursores da noção de pós-verdade, colocando-os em um mesmo campo de ideias que os produtores de desinformação e propagadores de mentiras.

A esse tipo de falsificação é importante deixar claro que não são da perspectiva negacionista e por isso é importante qualificar a contribuição desses filósofos para a compreensão da relação entre moral e ciência. Para Nietzche, caberia à ciência dissipar os erros e as ilusões da razão sempre que se apresentasse contaminada pela moral religiosa, portanto, preocupava-se com a subordinação do conhecimento à moral. É a isso que o filósofo convocava os homens de *espíritos livres* a se manterem na busca pela ampliação do conhecimento científico, livres da moral e abertos às experimentações.

A pós-modernidade tem papel fundamental na problematização da ciência e é preciso separar a crítica à ciência, desenvolvida por pós-estruturalistas e pós-modernistas, das práticas e discursos da pós-verdade realizada pela extrema-direita que se utiliza de um discurso anticientificista, anti-intelectualista e negacionista para justificar seu posicionamento que se aproxima de estratégias e práticas de intolerância, tais como o ódio, o sexismo, o racismo, entre outras. Qualquer tipo de associação da noção de pós-verdade com a reflexão desses autores deve ser evitada para que não se criminalize uma forma de pensamento tão potente que contribui significativamente para a reflexão da contemporaneidade.

Nietzsche antecipou críticas aos modelos científicos predominantes durante parte significativa dos séculos xix e xx, e por isso é considerado um pensador intempestivo, que esteve fora de seu tempo, antecipando problematizações que passaram a fazer parte do debate científico contemporâneo. O conhecimento científico é aspecto básico para a realização da pesquisa como instrumento de investigação dos mais diversos fenômenos.

Nesse sentido, a crítica, o questionador espírito científico possibilita a condução ao novo. A problematização fundamentada em um conjunto de pressupostos e de evidências faz parte do debate do campo científico e essa dinâmica não tem nenhuma relação com o negacionismo científico observado no período histórico recente, como por exemplo, a indagação desenvolvida pelos terraplanistas que negam evidências apresentadas sobre a esfericidade da Terra, um dos campos de estudo mais antigos, inaugurado pelos gregos aproximadamente em 300 a. C.

INICIATIVAS DE ENFRENTAMENTO À DESINFORMAÇÃO

A expansão da produção do compartilhamento de notícias falsas, desinformação, discursos de ódio e intolerância trouxe um processo de transformação social que precisa ser refletido e debatido com a participação dos mais diversos setores da sociedade preocupados com os efeitos e impactos desse fenômeno na ordem democrática. A capacidade de segmentação dos usuários está provocando impacto significativo na dinâmica de configuração da opinião pública, cada vez mais modulada e modelada a partir dos dispositivos informacionais com base em *machine learning* orientada em interesses econômicos e políticos.

Embora seja preocupante o crescimento da produção e ampla disseminação da desinformação, é muito importante também destacar as iniciativas de enfrentamento a esse fenômeno. Abordaremos algumas das iniciativas de diversos segmentos da sociedade civil, de pesquisadores, dos parlamentos, do campo comunicacional, no sentido de debater e criar mecanismos para alertar a sociedade sobre os perigos desse processo, apresentando algumas possibilidades de enfrentá-los.

CPMI DAS *FAKE NEWS* E PROPOSTAS LEGAIS

Instalada em 4 de setembro de 2019, a Comissão Parlamentar Mista de Inquérito (CPMI) das *fake news* tinha como objetivo apurar elementos ligados às notícias falsas durante as eleições de 2018 no Brasil. Entre as atribuições estava a investigação sobre a criação de perfis falsos para influenciar as eleições, os ataques cibernéticos realizados no período e a prática de *ciberbullying* contra autoridades e cidadãos. A comissão tinha natureza mista, portanto, contava com a participação de deputados federais e senadores, sendo 16 titulares e 16 suplentes.

Durante a fase de proposição foram coletadas informações através de solicitação e recebimento de documentos com os seguintes conteúdos: denúncias e investigações; dados bancários; dados telefônicos; estudos e pareceres técnicos de pesquisadores; pareceres técnicos oriundos de plataformas presentes na Internet, tais como Facebook, Instagram e YouTube, de sites e mesmo do WhatsApp. Outra fonte de levantamento de informações durante a fase de proposição foram as audiências públicas e oitivas realizadas com depoentes diretamente relacionados ao evento tratado, ou mesmo com especialistas vindos da comunidade científica, do setor empresarial e da sociedade civil organizada.

Desde o início das atividades a CPMI convocou pessoas para prestarem depoimentos, alguns considerados fundamentais para o esclarecimento de denúncias sobre o uso de *fakes news* e discurso de ódio, além do levantamento de documentos fundamentais para as investigações em andamento.

Entre os depoimentos, destacamos aqueles de parlamentares eleitos na coligação de Jair Bolsonaro, porém, que em poucos meses de governo romperam com o presidente e se tornaram adversários políticos, embora mantivessem os princípios ideológicos. São eles, Alexandre Frota, atualmente filiado ao PSDB, e Joyce Hasselmann, do PSL. Ambos denunciaram as chamadas milícias digitais com ataques virtuais a adversários e oponentes do governo e chamavam a atenção para a existência de um grupo instalado dentro do Palácio do Planalto, conhecido como "gabinete do ódio", composto por assessores especiais da Presidência para propagar notícias falsas e campanhas difamatórias, sob a coordenação dos filhos do presidente, Carlos Bolsonaro (Patriotas) e o deputado federal Eduardo Bolsonaro (PSL).

Embora com atividades praticamente paralisadas em virtude do isolamento social, a CPMI realizou algumas atividades, com seus integrantes participando de debates públicos, como por exemplo na discussão sobre a criação de legislação para o enfrentamento de notícias falsas e desinformação.

PROJETOS DE LEI PARA ENFRENTAR A DESINFORMAÇÃO

Identificamos aproximadamente cinquenta projetos de lei apresentados na Câmara dos Deputados com propostas para o enfrentamento das notícias falsas e da desinformação. Elaboramos uma síntese contendo os principais aspectos dessas proposições que expressam tanto a preocupação dos parlamentares com os impactos sociopolíticos do fenômeno quanto a necessidade de oferecerem algumas diretrizes sobre o tema para suas bases. As proposituras foram agrupadas nos seguintes eixos:

Criminalização da prática de desinformação O foco das proposituras versa sobre a criminalização da conduta de produção e disseminação de notícias falsas e desinformação, e significa tornar crime e atribuir pena aos indivíduos identificados nessas práticas. Nesse aspecto também surgiram iniciativas para incriminar especificamente a produção desinformativa relacionada à área da saúde.

Alterações em legislações Diferentes projetos propõem alterações no código eleitoral com o objetivo de tipificar como crime a divulgação de fatos sabidamente inverídicos por candidatos em qualquer pleito. Foram identificados alguns projetos criminalizando a incitação da população pelas redes sociais que atentem contra a segurança nacional e à ordem pública e social.

Nesse item destacamos a proposta de regulamentação do Marco Civil da Internet, lei número 12.965/14 que estabelece princípios, garantias, direitos e deveres para o uso da Internet no Brasil. A proposta de regulamentação do governo Bolsonaro é considerada inconstitucional por especialistas, apresenta ambiguidades e pode criar a insegurança jurídica em empresas de vários setores.

Por outro lado, apesar do Marco Civil ser considerado uma das legislações mais avançadas do mundo é preciso atualizá-lo, tendo em vista a necessidade do estabelecimento de regulação para os aplicativos e redes sociais que na atualidade são os novos intermediários que filtram conteúdos por ações algorítmicas e inteligência artificial.

É necessário investir em medidas que aumentem a transparência das plataformas, cuja atuação é considerada bastante opaca nas ações adotadas em relação, por exemplo, à moderação de conteúdo. O decreto governamental é burocrático e mais confunde que contribui para tornar essas medidas mais claras.

Moderação de conteúdos Nesse aspecto, identificamos a proposição de medidas para o enfrentamento de conteúdos de ódio e preconceito com o objetivo de diminuir esse tipo de prática nas redes. O debate em torno dessas questões é importante, embora sejam necessárias a ampliação e a diversificação de participantes da sociedade civil, principalmente, pelo fato de considerarmos que várias dessas medidas já estão tipificadas em lei, como por exemplo a criminalização da prática de racismo.

Outra propositura polêmica está presente na sugestão de alteração do Marco Civil. O projeto de lei propõe condicionar a postagem de conteúdos nas redes sociais a partir do fornecimento prévio de número telefônico ou endereço de correio eletrônico. Essa é uma medida bastante rebatida pelos movimentos em defesa dos direitos de proteção de dados individuais, à medida que ele veda a prática do anonimato, portanto, a privacidade.

Educação digital A educação digital também está presente em projetos de lei e um dos enfoques é a inclusão no currículo das escolas dos ensinos fundamental e médio de disciplina sobre utilização ética das redes sociais contra a divulgação de notícias falsas. Cabe lembrar que esse tipo de iniciativa vem sendo praticada em diversos países europeus, contribuindo para formar cidadãos comprometidos com a qualidade da informação.

Campanhas de esclarecimentos sobre notícias falsas A instituição de campanhas de esclarecimento sobre notícias falsas e desinformação está presente em projetos que propõem formas de divulgação de temas como liberdade, responsabilidade e transparência na Internet, e também a criação de uma semana de conscientização sobre o enfrentamento à desinformação.

Consideramos essas iniciativas importantes para manter o debate presente sobre o tema, mas, evidentemente, devem ser associadas a outras propostas para que não se tornem projetos sem efetividade no debate social.

O projeto de lei das fake news O PL 2.630/20 de autoria do senador Alessandro Vieira (Cidadania), conhecido como "PL das *fake news*", aprovado no Senado, ainda deve passar por discussão e possíveis alterações na Câmara dos Deputados. Trata-se de uma proposta polêmica que afeta os direitos dos usuários na Internet em vários aspectos.

Entre os pontos mais polêmicos, destacamos o potencial prejuízo aos direitos fundamentais como a privacidade, a proteção de dados, o acesso à Internet e a liberdade de expressão. Além disso, fere outras legislações com a proposta de criar a *conta identificada*, quando o titular da mesma é plenamente identificado pelo provedor de aplicação a partir de confirmação de dados fornecidos previamente. Esse tipo de noção atinge frontalmente a privacidade e confere aos provedores um poder que não é desejável que possuam.

Outra questão polêmica é a *identificação em massa* que prevê formas de indicar as chamadas contas inautênticas e deixa uma porta aberta para a massificação da coleta de informações pessoais.

O *poder de polícia* das plataformas também é ponto controverso e está na contramão da Lei Geral de Proteção de Dados que pressupõe coleta mínima dos dados pessoais. Nessa perspectiva, a rastreabilidade em massa também é um risco caso a lei seja aprovada sem modificações, considerando que os aplicativos terão que guardar os dados das pessoas.

Há riscos também à liberdade de expressão pelas brechas que aumentam o poder das plataformas sobre o fluxo informacional e também contrariam as diretrizes estabelecidas na Lei Geral de Proteção de Dados.

DISCURSO DE ÓDIO, DESINFORMAÇÃO E RACISMO

Algumas medidas de contenção da desinformação nas redes sociais ganharam força e estão promovendo um debate importante sobre a responsabilidade em relação às condutas relacionadas à desinformação nas redes, quanto ao financiamento das notícias falsas. Em diversos países começam a surgir iniciativas nessa perspectiva, entre eles se destacam: Sleeping Giants, Fakeing News: Fraudullent news and the fight for truth, Global Council to Build Trust in Media and Fight Misinformation, Stop Hate for Profit, Global Desinformation Index (GDI), Jornalism Trust Iniciatitiva, entre as outras.

Destacamos algumas dessas iniciativas para compreendermos a metodologia e o objetivo do trabalho realizado:

ÍNDICE GLOBAL DE DESINFORMAÇÃO (GDI)

É importante ressaltar que a desinformação pode gerar lucro e segundo o GDI existe um mercado de aproximadamente 235 milhões de dólares em publicidade *online*, para ficarmos com uma estimativa conservadora, conforme declaram os organizadores da entidade. Nesse sentido, podemos afirmar que a desinformação tem sido fonte geradora de grandes taxas de lucro para as plataformas e na análise de Srnicek,[13] proporcionando a ampliação do poder do capitalismo de plataforma.

O relatório divulgado pelo GDI demonstra como a chamada propaganda programática ou mídia programática organiza os chamados leilões para espaços publicitários nos sites que

---

13. *Platform Capitalism*. Cambridge: Polity Press, 2016.

tornam disponíveis espaços para anúncios e os anunciantes disputam esse espaço, considerando a visibilidade que ele pode oferecer para a marca e seus produtos.

O Google domina esse mercado com aproximadamente 70% dos sites de desinformação com uma receita acumulada que gera em torno de US$ 87 milhões. Outras empresas que também oferecem esse tipo de serviço são a AppNexus e Criteo.[14]

SLEEPING GIANTS: DESMONETIZANDO A DESINFORMAÇÃO

Sleeping Giants foi criado nos Estados Unidos em novembro de 2016, sob o impacto do uso de *fake news* e desinformação durante as eleições presidenciais. O objetivo era constranger as marcas que anunciavam em páginas na Internet e influenciadores digitais considerados intolerantes ou sexistas.

A estratégia se baseia em mostrar aos usuários um conjunto de informações sobre as formas de financiamento dessas mídias. O objetivo era questionar as empresas sobre o uso de desinformação ou notícias falsas nos espaços onde estavam compartilhando suas marcas e seus produtos. Isso fez com que essas plataformas tivessem prejuízos de milhões de dólares com esse tipo de publicidade. Em poucos meses, aproximadamente 4.500 anunciantes removeram seus anúncios do jornal *Breitbart News*, considerado o mais importante veículo da extrema-direita norte-americana, um dos maiores compartilhadores de mentiras, notícias falsas, desinformação e discurso de ódio.

---

14. Global disinformation index. *The Quarter Billion Dollar Question: How is Disinformation Gaming Ad Tech?*. Reino Unido: setembro de 2019.

A publicidade programática é a substituição de atividades humanas na negociação de espaços publicitários por diferentes tecnologias automatizadas que ampliam as formas de se exibir um anúncio. O publicitário Matt Rivitz observava atentamente essas estratégias publicitárias e se preocupava com a destruição de reputação das marcas que, em muitos casos, desconhecia onde seus logotipos estavam sendo inseridos.

A partir dessa preocupação, resolveu criar a iniciativa Sleeping Giants nos Estados Unidos. Até o presente momento, verifica-se que a iniciativa passou a ser realizada nos seguintes países: Austrália, Bélgica, Canadá, Finlândia, França, Alemanha, Itália, Holanda, Nova Zelândia, Noruega, Espanha, Suécia, Suíça, Reino Unido e Brasil.

Esse modelo de negócios opera com os algoritmos de inteligência artificial e com as operações que usam *machine learning* ou *deep learning* possibilitando a potencialização e o gerenciamento de dados obtidos das múltiplas informações dos usuários, principalmente em atividades de consumo nas mídias digitais. Segundo publicitários experientes, a escala de processamento de dados realizada pelas técnicas de Inteligência Artificial é muito maior do que aquelas que os humanos têm capacidade de realizar. Outra vantagem apontada é que esse tipo de terceirização diminui o trabalho dos profissionais de marketing que poderiam passar a se dedicar a pensar em outras estratégias e no processo de criação, embora seja importante ressaltar que esse fator não pode retirar a responsabilidade das empresas sobre os espaços em que estão compartilhando seus anúncios.

Uma das principais vantagens destacadas pelos profissionais de publicidade sobre esse modelo de negócios é que ele alcança o grau máximo de precisão. Significa dizer que é um modelo capaz de fazer uma predição para saber o meio em que o anúncio deve aparecer, qual o tipo de anúncio e até mesmo a melhor hora para ampliar a audiência.

O modo de atuação se baseia na verificação dos anúncios alocados por meio da ferramenta publicitária Google Adsense em sites de desinformação. Os articuladores do Sleeping Giants realizavam alertas às empresas, pois assim poderiam ficar cientes dos lugares em que seus produtos estavam sendo publicizados. A partir daí ficava mais fácil verificar se o produto ou marca estava associando sua imagem a um portal de notícias que pratica desinformação. Outra atividade importante é a criação de uma espécie de "lista negra" de empresas para impedir que a propaganda tenha exposição.

Embora o Google tenha um papel protagonista nesse modelo de negócios publicitários, o porta-voz declarou:

Existem políticas contra conteúdo enganoso em nossas plataformas e trabalhamos para destacar conteúdos de fontes confiáveis [...] Entendemos que os anunciantes podem não desejar seus anúncios atrelados a determinados conteúdos, mesmo quando não violam nossas políticas. Nossas plataformas oferecem controles robustos que permitem o bloqueio de categorias de assuntos e sites específicos, além de gerarem relatórios em tempo real sobre onde os anúncios foram exibidos.

Evidentemente, é difícil para o maior buscador de informações do mundo reconhecer sua responsabilidade sobre a publicidade em plataformas que claramente são identificadas como produtoras e disseminadoras de notícias falsas e desinformação, considerando que isso significa admitir que as práticas empresariais estão associadas à geração de receita de influenciadores ultraconservadores e de extrema-direita que afetam a sociedade democrática.

Alguns filtros de controle podem ser adotados pelas empresas para evitar que seus anúncios sejam veiculados para determinados grupos e esse controle pode ser feito por meio de palavras-chave que são utilizadas para aprimorar as dinâmicas de direcionamento das marcas. O Google defende que tem política clara contra conteúdo enganoso e que suas plataformas são orientadas a trabalhar com fontes confiáveis.

O Sleeping Giants também pode funcionar didaticamente para que as empresas repensem seus modelos de negócios, considerando que é preciso ampliar as escolhas dos espaços publicitários para além das visualizações dos anúncios e que é preciso identificar os conteúdos dos sites para ver se estão em consonância com os valores da empresa e com os preceitos democráticos.

O Sleeping Giants Brasil foi criado em 2016 mas passou um bom tempo desativado até que, em 2020, um casal de jovens, estudantes de Direito, resolveram ativar a iniciativa. Na primeira postagem que fizeram no Twitter com o alerta a uma empresa obtiveram em apenas uma semana 300 mil seguidores, mostrando que no país há espaço para a iniciativas que tenham como objetivo enfrentar a desinformação e o discurso de ódio.

STOP HATE FOR PROFIT

Há tempos que o Facebook é questionado por diversos setores da sociedade civil sobre suas práticas na mais importante rede social do planeta. Embora tenha Termos de Uso para os usuários fazerem parte da plataforma, na maioria das vezes, a aplicação das medidas não é clara e transparente.

Após os escândalos da Cambridge Analytica, conhecemos um pouco melhor essa face da plataforma, que forneceu dados de aproximadamente 50 milhões de usuários para campanhas políticas, sem que houvesse qualquer tipo de consentimento para tal uso.

Os dados coletados pelo Facebook foram utilizados por um aplicativo de teste psicológico e os usuários que participaram entregaram seus dados e os de seus amigos que também utilizam a rede social. O aplicativo que realizou a coleta das informações (*thisisyourdigitallife*) foi desenvolvido por Aleksandr Kogan, pesquisador da Universidade de Cambridge, do Reino Unido. Os dados coletados revelam aspectos da identidade das pessoas como nome, profissão, local de residência, gostos e hábitos, além da rede de contatos pessoais. Esse conjunto de informações foi utilizado para eleger o presidente Donald Trump e para influenciar os eleitores britânicos a escolherem a saída da Inglaterra do bloco europeu.

A denúncia realizada em 2018, além de cair como uma bomba nos meios políticos pelo uso inescrupuloso dos dados pessoais, também demonstrava que a rede social não se preocupava com a proteção dos dados de seus usuários, conforme consta em seus Termos de Uso. A situação para o Facebook ficou ainda mais delicada na época, considerando que já tinha sido questionado sobre o uso da plataforma para a proliferação de notícias fraudulentas durante nas eleições norte-americanas de 2016.

O impacto foi imediato sobre a imagem da plataforma que à época perdeu aproximadamente 11,5 bilhões de reais na bolsa de valores norte-americana, ou 35 bilhões de dólares. Apesar da perda, sabe-se que a empresa mantém altas taxas de lucro e um dos maiores patrimônios financeiros do mundo.

Mark Zuckerberg, um dos fundadores e CEO da rede social, sempre se esquivou das denúncias, tendo prestado depoimento no Congresso do Estados Unidos para esclarecer o papel da empresa no vazamento de dados de usuários. Zuckerberg pediu desculpas por não ter conseguido desenvolver mecanismos para impedir a propagação de notícias fraudulentas que tenham influenciado em processos políticos. Cabe ressaltar que, apesar das desculpas, a plataforma não tinha atitude realmente efetiva para enfrentar a propagação de conteúdos falsos.

Nesse contexto, surge a campanha #Stophateforprofit.[15] Trata-se de uma iniciativa que criou uma coalizão de organizações de direitos civis tais como ADL (*The Anti-Defamation League*), NAACP, Sleeping Giants, Color Of Change, Free Press e Common Sense que pediam para que as empresas parassem de anunciar no Facebook durante o mês de julho de 2020, como forma de pressionar a rede social a tomar medidas efetivas para impedir a programação de discursos de ódio, desinformação, racismo e outras formas de intolerância.

Para a coalização, o Facebook arrecada bilhões com seu império de publicidade e a campanha tinha o objetivo de estimular as empresas a retirarem o dinheiro investido em anúncios na plataforma que, segundo os articuladores, vem sendo omissa em relação ao enfrentamento da desinformação.

Existem outras iniciativas em diversos países, articulando grupos e segmentos da sociedade civil com o objetivo de impedir a continuidade e ampliação da disseminação de notícias falsas, desinformação e discurso de ódio nas plataformas digitais. Seguramente, ainda teremos um longo caminho para reverter essa realidade.

---

15. Em português, *Pare de lucrar com o ódio.*

A outra face da pandemia

Ao começarmos os primeiros esboços dessa reflexão tínhamos um plano original, substancialmente alterado em virtude da pandemia que trouxe ao centro do debate alguns acontecimentos relacionados às preocupações de diversos setores da sociedade em relação ao crescimento das notícias falsas e da desinformação.

As primeiras informações sobre a pandemia começaram a chegar em fevereiro no país, mas eram muito difusas e então realizamos o carnaval, uma das mais importantes festas populares, com aglomeração e sem a adoção de medidas sanitárias. Rapidamente essa realidade se transformou e começávamos a receber notícias de mortes de milhares de pessoas em outros países e por aqui apareciam os primeiros casos.

Epidemiologistas, virologistas e outras autoridades sanitárias corriam para compreender o comportamento do novo coronavírus e poder atuar para conter o seu avanço. A comunidade científica internacional buscava soluções para o tratamento dos infectados, mas tudo era muito novo e não apareciam soluções rápidas, mantendo um ambiente de incertezas em relação às formas de contágio, prevenção e tratamentos.

Nesse cenário, começava a surgir a outra face da pandemia: a desinformação, as teorias da conspiração, o negacionismo, as notícias falsas e as informações fraudulentas que tomavam conta das redes sociais e se espalhavam com grande velocidade, confundindo e assustando ainda mais a população.

O crescimento do compartilhamento de conteúdos sem nenhum tipo de evidência científica impactava significativamente o debate público sobre as medidas necessárias para impedir o avanço e os impactos do coronavírus. Confundir e deslegitimar as informações das autoridades sanitárias reconhecidas internacionalmente era um dos objetivos centrais por parte dos setores que comungam do mesmo negacionismo científico dos integrantes do governo de Jair Bolsonaro. Acreditamos que faz parte de uma estratégia mais ampla, ou seja, não são dinâmicas separadas e em diversas situações é possível identificar claramente que o ato de colocar em suspeição uma vacina é frequentemente associado a outros valores, tais como a xenofobia, a crítica aos modos de vida dos chineses, a crítica ao comunismo da China, portanto, podemos afirmar que se trata de comportamento frequentemente adotado por grupos e lideranças políticas com caráter notadamente antidemocráticos.

O crescente uso das plataformas digitais para as práticas que transformaram indivíduos e grupos em informações potencialmente monetizáveis é motivo de preocupação, considerando que essas empresas criaram um mercado para compra e venda de bases de dados que podem ser utilizados tanto para objetivos financeiros quanto políticos, conforme abordamos no capítulo II, ao analisarmos os escândalos envolvendo a empresa Cambridge Analytica que usou ilegalmente dados de eleitores norte-americanos para influenciar o voto durante as eleições presidenciais de 2016, favorecendo a candidatura vitoriosa de Donald Trump, do Partido Republicano.

As revelações sobre as práticas da Cambridge Analytica comprovam que a economia informacional está cada vez mais amparada no chamado mercado de dados. Obtidos pelas chamadas pegadas digitais, nossos dados são capturados pelas tecnologias cibernéticas que também têm ampla capacidade de armazenamento e análise que podem ter diversos tipos de utilização.

Essa apropriação desloca o debate da informação da cooperação, da colaboração para o compartilhamento com finalidade de extração de lucros para empresas. Não é à toa que o capitalismo de plataforma seja liderado pelas gigantes do setor, as GAFAS: Google, Apple, Facebook e Amazon.

A ampliação da visibilidade das teorias da conspiração, possibilitada pelas redes digitais, chegaram a patamares quase impensáveis e expressavam não haver limites para a construção e a potencialização de mitos e medos existentes na sociedade, e funcionavam como verdadeiras câmeras de eco que faziam com que as bolhas se autocentrassem ainda mais, construindo um contexto de polarização entre os que "acreditavam" no vírus e os que achavam que se tratava de uma conspiração para afetar a população brasileira e, principalmente, o governo federal.

A ideologização em torno da pandemia levava a confrontos constantes entre governadores e prefeitos que cobravam medidas por parte do governo federal. Disputas político-partidárias com vistas aos processos eleitorais futuros agitavam o debate para ver qual narrativa seria *vitoriosa* sobre a pandemia. As redes reverberavam essas disputas com uma enxurrada de desinformação, *memes* e notícias falsas que proliferavam nas redes.

O discurso do presidente era uma espécie de senha para movimentar a rede de desinformação. Quando falava contra o isolamento social para evitar aglomerações, seus grupos de apoiadores organizavam manifestações de rua contra as medidas de isolamento social decretadas por prefeitos e governadores, potencializando não somente a ampliação do contágio, mas também um ambiente de conflitos num momento em que era necessária a união a fim de mais rapidamente se conter o avanço do contágio.

Ignorando o papel que um líder político ocupa, Bolsonaro, além de promover aglomerações, frequentemente aparecia em público sem máscara, chegando a divulgar um suposto estudo de alguma universidade internacional que apresentava os malefícios do equipamento de proteção. Para ele, a doença não passava de uma "gripezinha", minimizando os riscos para o aumento de infectados e, consequentemente, o colapso do sistema de saúde.

O tratamento precoce, composto por cloroquina e outros medicamentos, também era propagandeado pelo presidente e os técnicos que atuavam como consultores informais, uma espécie de estrutura paralela ao Ministério da Saúde que influenciava nas decisões governamentais e no discurso adotado pelo governante que não desistia dessa recomendação, mesmo após a comprovação científica de sua ineficácia.

Começava a ficar claro que a desinformação era parte da estratégia da ação política governamental e contava com a criação de estruturas paralelas que atuavam dentro das instituições usando a estrutura e os recursos públicos para divulgar mentiras e informações fraudulentas. Havia uma inversão, considerando que as estruturas oficiais passavam a não ser a referência para as definições das políticas governamentais.

Além da atuação na área da saúde, as estruturas paralelas atuavam também em outros órgãos públicos federais, como no Ministério do Meio Ambiente, que realizou um verdadeiro desmonte nos órgãos de proteção ambiental e bloqueou a participação da sociedade civil, facilitando medidas de exportação de madeira ilegal, atividades de garimpo em terras indígenas, entre outros ataques ao meio ambiente. Conforme o próprio ministro afirmou, era a hora de aproveitar que todos estavam preocupados com a pandemia para aprovar a flexibilização das regras de proteção ao meio ambiente.

O discurso de ódio, o anti-intelectualismo e o anticientificismo eram calculadamente organizados nas práticas discursivas de Bolsonaro, e a retórica antivacina esteve presente não somente nas falas presidenciais, mas também na negligência e morosidade na aquisição dos imunizantes. Aos poucos, era possível perceber que não se tratava somente de negacionismo, mas da comercialização de imunizantes superfaturados por parte de bolsonaristas influentes no governo. Ficava difícil sustentar o discurso contra corrupção que garantiu a vitória em 2018, considerando que desde o início do governo não paravam de aparecer denúncias contra o presidente, seus filhos e apoiadores mais fiéis. Começava a ficar insustentável a base de apoiadores somente com a desinformação, o discurso de ódio e as teorias da conspiração, embora o presidente não fizesse nenhum sinal que mudaria o rumo de sua narrativa.

Outro mecanismo era a criação de termos, ou seja, neologismos que ao serem pesquisados nos sites de buscas direcionavam os leitores para portais identificados como produtores e disseminadores de notícias falsas. A sofisticação do processo desinformativo ficava mais clara dia após dia.

Como dizia Hannah Arendt, a verdade e a política nunca tiveram boas relações. Isso já é sabido, mas não paira dúvida que desde o início do governo Bolsonaro entrávamos em num novo patamar dessa relação tão delicada.

Concluímos essa reflexão ainda com muitas incertezas em relação ao futuro e aos desdobramentos das investigações sobre as denúncias mencionadas, mas já é possível ter clareza que a desinformação era parte constitutiva dos procedimentos governamentais, produzindo inestimável impacto na sociedade democrática.

Referências bibliográficas

ADORNO, Theodor W. *Estudos sobre a personalidade autoritária.* São Paulo: Editora Unesp, 2019.

_____. Educação após Auschwitz. *In:* _____. *Educação e emancipação.* São Paulo: Paz & Terra, 2020.

ALLCOTT, H. e GENTZKOW, M. "Social media and fake news in the 2016 election". *In: Journal of Economic Perspectives*, v. 31, n. 2, p. 211–236, 2017.

ALMEIDA, Silvana L. *et al.* WhatsApp: a desordem da informação na eleição presidencial brasileira de 2018, *Anais VII Simpósio Internacional Lavits*, Salvador, junho de 2019.

ARENDT, Hannah. *Entre o passado e o futuro.* São Paulo: Editora Perspectiva, 1997.

ASANO, Camila Lissa *et al.* Boletim n. 10: Direitos na Pandemia – mapeamento e análise das normas jurídicas de resposta à COVID-19 no Brasil. CEPEDISA e *Conectas*, São Paulo, 20 de janeiro de 2021.

BEZERRA, Arthur, CAPURRO, Rafael e SCHNEIDER, Marco. Regimes de verdade e poder: dos tempos modernos à era digital. *Liincem Revista*, Rio de Janeiro, v. 13, n. 2, p. 371–380, novembro de 2017.

BOUNEGRU, Liliana *et al. A Field Guide to Fake News: a collection of recipes for those who love to cook with digital methods.* Amsterdã: Public Data Lab, 2017.

BRAMATI, Daniel, MONNERAT, Alessandra e BRENBATI, Katia. Cloroquina tem Bolsonaro como maior influenciador do mundo. *O Estado de S. Paulo*, 6 de junho de 2021.

CGI.BR. Comitê Gestor da Internet no Brasil. *Relatório Internet, Desinformação e Democracia.*

CHICARINO, Tathiana S. *et. al.* Como dois estudantes de 22 anos puseram de pé o Sleeping Giants Brasil. *Aurora: revista de arte, mídia e política*, São Paulo, v. 14, n. 40, p. 6–27, fevereiro–maio de 2021.

DANOWSKI, Deborah. *Negacionismos.* São Paulo: n-1 edições, 2018.

DARNTON, Robert. A verdadeira história das notícias falsas. *El País*, 30 de abril de 2017.

DATAFOLHA. *Relatório Uso das redes sociais*. Instituto Datafolha: Eleições 2018.

DATAFOLHA: 73% dizem que pretendem tomar vacina contra COVID-19, e 56% acham que ela deve ser obrigatória. *G1*, 12 de dezembro de 2020.

DAVIS, Mike. O coronavírus e a luta de classes: o monstro bate à nossa porta. *Contee*, 18 de março de 2020.

DIEESE. Departamento intersindical de estatística e estudos socioeconômicos. *Custo da cesta balsica aumenta em 10 capitais*. São Paulo, 5 de março 2020.

ELIAS, Norbert e SCOTSON, Jhon. *Estabelecidos e outsiders*. Trad. Vera Ribeiro e Pedro Süssekind. Rio de Janeiro: Zahar, 1994.

FERRAZ, Adriana. Bolsonaro diz que é preciso "enfrentar vírus como homem e não como moleque". *Uol*, 29 de março de 2020.

FOUCAULT, Michel. *O nascimento da biopolítica*. São Paulo: Martins Fontes, 2008.

FRISCH, Felipe. 86% conhecem alguém que morreu de covid no Brasil. *Valor Econômico*, 27 de abril de 2021.

GAGLIONI, Cesar. O que há sobre o Brasil nos documentos da Cambridge Analytica. *Nexo*, 6 de janeiro de 2020.

GLOBAL DISINFORMATION INDEX. *The Quarter Billion Dollar Question: How is Disinformation Gaming Ad Tech?*, Reino Unido, setembro de 2019.

GRANDINFelipe. É #FAKE que pesquisa recente indique a hidroxicloroquina como o tratamento mais eficaz contra o coronavírus. *G1*, 21 de maio de 2020.

HECLO, H. Campaigning and governing: a conspectus. *In*: ORNSTEIN, N. J. e MANN, T. E. *The Permanent Campaign and Its Future*. Washington: American Enterprise Institute and The Brookings Institution, 2000.

LIBÓRIO, Barbara e CUNHA, Ana R. Notícias falsas foram compartilhadas ao menos 3,84 milhões de vezes durante as eleições. *Aos Fatos*, 31 de outubro de 2018.

LUPA. Verifica Coronavírus EP05: a onda de desinformação nos registros de mortes por COVID-19. *Piauí*, Rio de Janeiro, 14 de maio de 2020.

MACHADO, Caio e KONOPACKI, Marco. *Poder computacional: automação no uso do whatsapp nas eleições: estudo sobre o uso de ferramentas de automação para o impulsionamento digital de campanhas políticas nas eleições brasileiras de 2018*. Rio de Janeiro: Instituto de Tecnologia e Sociedade do Rio de Janeiro, 2019.

MAZZO, Aline. 91% dos brasileiros pretendem se vacinar ou já se vacinaram, mostra Datafolha. *Folha de S. Paulo*, 18 de maio de 2021.

MBEMBEAchille. *Necropolítica*. Trad. Renata Santine. São Paulo: n-1 edições, 2018.

_____. Pandemia democratizou poder de matar, diz autor da teoria da *necropolítica*. *Folha de S. Paulo*, 30 de março de 2020.

MELO, Patrícia C. Empresários bancam campanha contra o PT pelo WhatsAppp. *Folha de S. Paulo*, 18 de outubro de 2018.

MENEZES, Luiz Fernando. Nobel de Medicina não disse que novo coronavírus foi criado pela China. *Aos Fatos*, 28 de abril de 2020.

MINISTERIO DA SAÚDE. *O que você precisa saber sobre o coronavirus*. Disponível em: *coronavirus.saude.gov.br*.

MORAESMauricio. Brasil lidera desinformação sobre número de casos e mortes por COVID-19 no mundo. *Uol*, 10 de junho de 2020.

MOROZOV, Evgeny. *Big Tech: a ascensão dos dados e a morte da política*. São Paulo: Ubu, 2018.

NIELSEN, Jakob. Website Reading: It (Sometimes) Does Happen. *Nielsen Norman Group*, 24 de junho de 2013.

OPAS. Organização Pan-Americana da Saúde. *Entenda a infodemina e a desinformação na luta contra o COVID-19*. Relatório do Departamento de Evidência para ação em saúde, 2020.

PARISIER, Eli. *O filtro invisível: o que a internet está escondendo de você*. Rio de Janeiro: Zahar, 2012.

PIERO, Bruno de. Epidemia de fake news: Organização Mundial da Saúde chama a atenção para grande circulação de notícias falsas sobre o novo coronavírus. *Revista Pesquisa FAPESP*, 7 de abril de 2020.

POSETTI, Julie e MATTHEWS, Alice. Una breve guía de la historia de las 'noticias falsas' y la desinformación. *ICFJ*, julho de 2018.

PROJETO COMPROVA. Ao contrário do que afirma blog, OMS recomenda isolamento como uma das medidas de combate ao novo coronavírus. 6 de maio de 2020.

_____Vacina do coronavírus não terá microchip para rastrear a população. 6 de abril de 2020.

RUDNITZKI, Ethel e SCOFIELD, Laura. Robôs levantaram hashtag que acusa China pelo coronavírus. *A Pública*, 20 de março de 2020.

RUNCIMAN, David. *Como a democracia chega ao fim*. São Paulo: Todavia, 2018.

SCAMPARINI, Ilze. "Todo fundamentalismo quase sempre se baseia em afirmações falsas". *Consultório Jurídico*, 17 de julho de 2015.

SENA JR., Carlos Zacarias de. Obscurantismo e anticientificismo no Brasil bolsonarista: anotações sobre a investida protofascista contra a inteligência e a ciência no Brasil. *Cadernos GPOSSHE On-line*, Fortaleza, v. 2, n. Especial, 2019.

SILVEIRA, Sergio Amadeu da. *Democracia e os códigos invisíveis: como os algoritmos estão modulando comportamentos e escolhas política*. São Paulo: Edições Sesc, 2019.

SILVERMAN, Craig. This Analysis Shows How Fake Election News Stories Outperformed Real News On Facebook. *Buzzfeed News*, 16 de novembro de 2016.

SRNICEK, Nick. *Platform Capitalism*. Cambridge: Polity Press, 2016.

TRIBUNAL SUPERIOR ELEITORAL. *Processo: 0601530-54.2018.6.00.0000*. Representação, 2018.

UJVARI, Stefan Cunha. *A história da humanidade contada pelos vírus*. São Paulo: Editora Contexto, 2012.

WARDLE, Claire. Fake news. It's complicated. *First Draft*, 16 de fevereiro de 2017.

_____ e DERAKHSHAN, Hossein. *Information Disorder: Toward an interdisciplinary framework for research and policy making*. Estrasburgo: Council of Europe, 2017.

COLEÇÃO «BOLSO»

1. *Don Juan*, Molière
2. *Contos indianos*, Mallarmé
3. *Triunfos*, Petrarca
4. *O retrato de Dorian Gray*, Wilde
5. *A história trágica do Doutor Fausto*, Marlowe
6. *Os sofrimentos do jovem Werther*, Goethe
7. *Dos novos sistemas na arte*, Maliévitch
8. *Metamorfoses*, Ovídio
9. *Micromegas e outros contos*, Voltaire
10. *O sobrinho de Rameau*, Diderot
11. *Carta sobre a tolerância*, Locke
12. *Discursos ímpios*, Sade
13. *O príncipe*, Maquiavel
14. *Dao De Jing*, Lao Zi
15. *O fim do ciúme e outros contos*, Proust
16. *Pequenos poemas em prosa*, Baudelaire
17. *Fé e saber*, Hegel
18. *Joana d'Arc*, Michelet
19. *Livro dos mandamentos: 248 preceitos positivos*, Maimônides
20. *O indivíduo, a sociedade e o Estado, e outros ensaios*, Emma Goldman
21. *Eu acuso!*, Zola | *O processo do capitão Dreyfus*, Rui Barbosa
22. *Apologia de Galileu*, Campanella
23. *Sobre verdade e mentira*, Nietzsche
24. *O princípio anarquista e outros ensaios*, Kropotkin
25. *Os sovietes traídos pelos bolcheviques*, Rocker
26. *Poemas*, Byron
27. *Sonetos*, Shakespeare
28. *A vida é sonho*, Calderón
29. *Escritos revolucionários*, Malatesta
30. *Sagas*, Strindberg
31. *O mundo ou tratado da luz*, Descartes
32. *Fábula de Polifemo e Galateia e outros poemas*, Góngora
33. *A vênus das peles*, Sacher-Masoch
34. *Escritos sobre arte*, Baudelaire
35. *Cântico dos cânticos*, [Salomão]
36. *Americanismo e fordismo*, Gramsci
37. *O princípio do Estado e outros ensaios*, Bakunin
38. *Balada dos enforcados e outros poemas*, Villon
39. *Sátiras, fábulas, aforismos e profecias*, Da Vinci
40. *O cego e outros contos*, D.H. Lawrence
41. *Rashômon e outros contos*, Akutagawa
42. *História da anarquia (vol. 1)*, Max Nettlau
43. *Imitação de Cristo*, Tomás de Kempis

44. *O casamento do Céu e do Inferno*, Blake
45. *Flossie, a Vênus de quinze anos*, [Swinburne]
46. *Teleny, ou o reverso da medalha*, [Wilde et al.]
47. *A filosofia na era trágica dos gregos*, Nietzsche
48. *No coração das trevas*, Conrad
49. *Viagem sentimental*, Sterne
50. *Arcana Cœlestia* e *Apocalipsis revelata*, Swedenborg
51. *Saga dos Volsungos*, Anônimo do séc. XIII
52. *Um anarquista e outros contos*, Conrad
53. *A monadologia e outros textos*, Leibniz
54. *Cultura estética e liberdade*, Schiller
55. *Poesia basca: das origens à Guerra Civil*
56. *Poesia catalã: das origens à Guerra Civil*
57. *Poesia espanhola: das origens à Guerra Civil*
58. *Poesia galega: das origens à Guerra Civil*
59. *O pequeno Zacarias, chamado Cinábrio*, E.T.A. Hoffmann
60. *Entre camponeses*, Malatesta
61. *O Rabi de Bacherach*, Heine
62. *Um gato indiscreto e outros contos*, Saki
63. *Viagem em volta do meu quarto*, Xavier de Maistre
64. *Hawthorne e seus musgos*, Melville
65. *A metamorfose*, Kafka
66. *Ode ao Vento Oeste e outros poemas*, Shelley
67. *Feitiço de amor e outros contos*, Ludwig Tieck
68. *O corno de si próprio e outros contos*, Sade
69. *Investigação sobre o entendimento humano*, Hume
70. *Sobre os sonhos e outros diálogos*, Borges | Osvaldo Ferrari
71. *Sobre a filosofia e outros diálogos*, Borges | Osvaldo Ferrari
72. *Sobre a amizade e outros diálogos*, Borges | Osvaldo Ferrari
73. *A voz dos botequins e outros poemas*, Verlaine
74. *Gente de Hemsö*, Strindberg
75. *Senhorita Júlia e outras peças*, Strindberg
76. *Correspondência*, Goethe | Schiller
77. *Poemas da cabana montanhesa*, Saigyō
78. *Autobiografia de uma pulga*, [Stanislas de Rhodes]
79. *A volta do parafuso*, Henry James
80. *Ode sobre a melancolia e outros poemas*, Keats
81. *Carmilla — A vampira de Karnstein*, Sheridan Le Fanu
82. *Pensamento político de Maquiavel*, Fichte
83. *Inferno*, Strindberg
84. *Contos clássicos de vampiro*, Byron, Stoker e outros
85. *O primeiro Hamlet*, Shakespeare
86. *Noites egípcias e outros contos*, Púchkin
87. *Jerusalém*, Blake
88. *As bacantes*, Eurípides

89. *Emília Galotti*, Lessing
90. *Viagem aos Estados Unidos*, Tocqueville
91. *Émile e Sophie ou os solitários*, Rousseau
92. *Manifesto comunista*, Marx e Engels
93. *A fábrica de robôs*, Karel Tchápek
94. *Sobre a filosofia e seu método — Parerga e paralipomena (v. II, t. I)*, Schopenhauer
95. *O novo Epicuro: as delícias do sexo*, Edward Sellon
96. *Revolução e liberdade: cartas de 1845 a 1875*, Bakunin
97. *Sobre a liberdade*, Mill
98. *A velha Izerguíl e outros contos*, Górki
99. *Pequeno-burgueses*, Górki
100. *Primeiro livro dos Amores*, Ovídio
101. *Educação e sociologia*, Durkheim
102. *A nostálgica e outros contos*, Papadiamántis
103. *Lisístrata*, Aristófanes
104. *A cruzada das crianças/ Vidas imaginárias*, Marcel Schwob
105. *O livro de Monelle*, Marcel Schwob
106. *A última folha e outros contos*, O. Henry
107. *Romanceiro cigano*, Lorca
108. *Sobre o riso e a loucura*, [Hipócrates]
109. *Hino a Afrodite e outros poemas*, Safo de Lesbos
110. *Anarquia pela educação*, Élisée Reclus
111. *Ernestine ou o nascimento do amor*, Stendhal
112. *Odisseia*, Homero
113. *O estranho caso do Dr. Jekyll e Mr. Hyde*, Stevenson
114. *História da anarquia (vol. 2)*, Max Nettlau
115. *Sobre a ética — Parerga e paralipomena (v. II, t. II)*, Schopenhauer
116. *Contos de amor, de loucura e de morte*, Horacio Quiroga
117. *Memórias do subsolo*, Dostoiévski
118. *A arte da guerra*, Maquiavel
119. *Elogio da loucura*, Erasmo de Rotterdam
120. *Oliver Twist*, Charles Dickens
121. *O ladrão honesto e outros contos*, Dostoiévski
122. *Sobre a utilidade e a desvantagem da história para a vida*, Nietzsche
123. *Édipo Rei*, Sófocles
124. *Fedro*, Platão
125. *A conjuração de Catilina*, Salústio
126. *O chamado de Cthulhu*, H. P. Lovecraft
127. *Ludwig Feuerbach e o fim da filosofia clássica alemã*, Engels

COLEÇÃO «HEDRA EDIÇÕES»

1. *A metamorfose*, Kafka
2. *O príncipe: bilíngue*, Maquiavel

3. *Hino a Afrodite e outros poemas: bilíngue*, Safo de Lesbos
4. *Jazz rural*, Mário de Andrade
5. *Ludwig Feuerbach e o fim da filosofia clássica alemã*, Friederich Engels
6. *Præterita*, John Ruskin

COLEÇÃO «METABIBLIOTECA»

1. *O desertor*, Silva Alvarenga
2. *Tratado descritivo do Brasil em 1587*, Gabriel Soares de Sousa
3. *Teatro de êxtase*, Pessoa
4. *Oração aos moços*, Rui Barbosa
5. *A pele do lobo e outras peças*, Artur Azevedo
6. *Tratados da terra e gente do Brasil*, Fernão Cardim
7. *O Ateneu*, Raul Pompeia
8. *História da província Santa Cruz*, Gandavo
9. *Cartas a favor da escravidão*, Alencar
10. *Pai contra mãe e outros contos*, Machado de Assis
11. *Iracema*, Alencar
12. *Auto da barca do Inferno*, Gil Vicente
13. *Poemas completos de Alberto Caeiro*, Pessoa
14. *A cidade e as serras*, Eça
15. *Mensagem*, Pessoa
16. *Utopia Brasil*, Darcy Ribeiro
17. *Bom Crioulo*, Adolfo Caminha
18. *Índice das coisas mais notáveis*, Vieira
19. *A carteira de meu tio*, Macedo
20. *Elixir do pajé — poemas de humor, sátira e escatologia*, Bernardo Guimarães
21. *Eu*, Augusto dos Anjos
22. *Farsa de Inês Pereira*, Gil Vicente
23. *O cortiço*, Aluísio Azevedo
24. *O que eu vi, o que nós veremos*, Santos-Dumont
25. *Democracia*, Luiz Gama
26. *Liberdade*, Luiz Gama
27. *A escrava*, Maria Firmina dos Reis
28. *Contos e novelas*, Júlia Lopes de Almeida

«SÉRIE LARGEPOST»

1. *Dao De Jing*, Lao Zi
2. *Escritos sobre literatura*, Sigmund Freud
3. *O destino do erudito*, Fichte
4. *Diários de Adão e Eva*, Mark Twain
5. *Diário de um escritor (1873)*, Dostoiévski

«SÉRIE SEXO»

1. *A vênus das peles*, Sacher-Masoch
2. *O outro lado da moeda*, Oscar Wilde
3. *Poesia Vaginal*, Glauco Mattoso
4. *Perversão: a forma erótica do ódio*, Stoller
5. *A vênus de quinze anos*, [Swinburne]
6. *Explosao: romance da etnologia*, Hubert Fichte

COLEÇÃO «QUE HORAS SÃO?»

1. *Lulismo, carisma pop e cultura anticrítica*, Tales Ab'Sáber
2. *Crédito à morte*, Anselm Jappe
3. *Universidade, cidade e cidadania*, Franklin Leopoldo e Silva
4. *O quarto poder: uma outra história*, Paulo Henrique Amorim
5. *Dilma Rousseff e o ódio político*, Tales Ab'Sáber
6. *Descobrindo o Islã no Brasil*, Karla Lima
7. *Michel Temer e o fascismo comum*, Tales Ab'Sáber
8. *Lugar de negro, lugar de branco?*, Douglas Rodrigues Barros
9. *Machismo, racismo, capitalismo identitário*, Pablo Polese
10. *A linguagem fascista*, Carlos Piovezani & Emilio Gentile

COLEÇÃO «MUNDO INDÍGENA»

1. *A árvore dos cantos*, Pajés Parahiteri
2. *O surgimento dos pássaros*, Pajés Parahiteri
3. *O surgimento da noite*, Pajés Parahiteri
4. *Os comedores de terra*, Pajés Parahiteri
5. *A terra uma só*, Timóteo Verá Tupã Popyguá
6. *Os cantos do homem-sombra*, Mário Pies & Ponciano Socot
7. *A mulher que virou tatu*, Eliane Camargo
8. *Crônicas de caça e criação*, Uirá Garcia
9. *Círculos de coca e fumaça*, Danilo Paiva Ramos
10. *Nas redes guarani*, Valéria Macedo & Dominique Tilkin Gallois

COLEÇÃO «ARTECRÍTICA»

1. *Dostoiévski e a dialética*, Flávio Ricardo Vassoler
2. *O renascimento do autor*, Caio Gagliardi
3. *O homem sem qualidades à espera de Godot*, Robson de Oliveira

COLEÇÃO «NARRATIVAS DA ESCRAVIDÃO»

1. *Incidentes da vida de uma escrava*, Harriet Jacobs
2. *Nascidos na escravidão: depoimentos norte-americanos*, WPA
3. *Narrativa de William W. Brown, escravo fugitivo*, William Wells Brown

COLEÇÃO «WALTER BENJAMIN»

1. *O contador de histórias e outros textos*, Walter Benjamin
2. *Diário parisiense e outros escritos*, Walter Benjamin

Adverte-se aos curiosos que se imprimiu este livro na gráfica Meta Brasil, na data de 3 de novembro de 2021, em papel pólen soft, composto em tipologia Swift Neue e Minion Pro, com diversos sofwares livres, dentre eles LuaLᴬTᴇXe git.
(v. dc6b11f)